丹羽宇一郎

ほど読書

GS
幻冬舎新書
461

はじめに

私は先頃、新聞に載っていた読者のある投書を見て、驚きました。それは21歳の男子大学生による「読書はしないといけないものなのか？」ということを問うた内容のものでした。（※注1）

本は読まないといけないものなのか？

そんな疑問を抱くこと自体、私にとっては信じがたかったのです。読書の意義など、わざわざ探ったり、説明したりしなくても当然わかるはずのもの。それは常識以前の常識であって、空気を当たり前に吸うのと変わりないもの。少なくとも私はそんな認識を持っているので驚いたのです。

最近「一日の読書時間が『0分』の大学生が約5割に上がる」という調査結果が報告され、それに対して懸念の声が方々からあがりました。この大学生はそれについて「異議あり」の声をあげたのです。

大学生曰《いわ》く、「読書が生きる上での糧になると感じたことはない。読書はスポーツと同じように趣味の範囲であって、自分にとってはアルバイトや大学の勉強の方が必要」だそうです。

もし、その大学生が直接、私にそんなことを聞いてきたら、こう答えると思います。

「読む、読まないは君の自由なんだから、本なんて読まなくていいよ」

そもそも、誰がその大学生に本を読めと強制しているのでしょう。

読まなくても本人の勝手です。読書をしない若者が増えたと嘆く大人の声など無視し、意義を感じているアルバイトや勉強に今日も明日も精を出せばいいのです。

しかし読書の楽しみを知っている人にはわかります。本を読むことがどれだけ多くのものを与えてくれるかを。考える力、想像する力、感じる力、無尽蔵の知識や知恵……、読書はその人の知的好奇心、そして「生きていく力」を培ってくれます。それなりに本を読んでいる人にとって、本が一冊もない人生など考えられないはずです。

本なんて読まなくてもいい……。読書の必要性をどう考えようと自由です。しかし、そう思う人は気づかないところで、とても大きなものを失っているかもしれません。

政治にしても経済にしても文化にしても、そこに携わっている人たちの言葉が軽くなっている。じっくりと洞察し、深く考えたところから発した言葉に触れる機会が、以前よりぐんと減っているのを感じます。

このことは現代人の読書時間が極端に減ってきていることと、けっして無関係ではないと思います。


件《くだん》の大学生の投書は反響が大きかったのか、その後、その記事に対するさまざまな立場、年齢の読者からの意見や感想が掲載されていました。

そのなかには、大学生の意見に同感だ、という中学生からのものがありました。

それは「読書は試験に役に立たない。役に立つかわからない効率の悪いものに時間を削ることはない」といった内容でした。

そこに、いまの社会において支配的な、ある価値観を読み取るのは容易なことです。

しかし、そうした価値観に毒されてしまっている背景には、読書によって養われる、「自分の頭で考える力」が衰えていることが大きく影響しているのではないでしょうか。

投書した大学生や中学生は、けっして特殊な人たちではないと思います。おそらく、同じような考えや感覚を持った人たちは、かなり増えているに違いありません。

ですから、これは教育というレベルにまで広がる、大きな問題です。

「本なんて役に立たないから、読む必要はない」

そんな考え方をする人が少なからず出てきたということは、小さい頃から遊びも勉強も習いごとも、親や周りから、よかれと思って与えられた環境で育った人が多いことを表しているのだと思います。

与えられたもののなかでばかり生きていると、「自分の頭で考える」ということができなくなります。

自立した思考ができないから、たまたま与えられた狭い世界のなかだけで解決してしまう。読書なんてしなくていいという人たちの背景に、私はそんなことを感じます。

周りから与えられた狭い世界のなかで、何に対してもすぐに実利的な結果を求める。そんな生き方は、いうまでもなく精神的に不自由です。それが不自由であることを、本人は露ほども感じていないと思うと、身震いするほど、自由の世界へと手を差し伸べたくなります。

人は自由という価値観を求めて、長い間、闘ってきました。努力し、工夫し、発明して進歩してきた果てに、いまの自由な社会はあります。

それは人類史上、かつてないほど自由度の高い環境といっていいかもしれません。

しかし、「何でもあり」の世界は一見自由なようですが、自分の軸がなければ、じつはとても不自由です。それは前へ進むための羅針盤や地図がないのと同じだからです。

それらがなければ、限られた狭いなかでしか動けません。

では、自分の軸を持つにはどうすればいいか？

それには本当の「知」を鍛えるしかありません。読書はそんな力を、この上なくもたらしてくれるはずです。

すなわち、読書はあなたをまがいものではない、真に自由な世界へと導いてくれるものなのです。

（注1）朝日新聞2017年3月8日付掲載

読書はしないといけないの？

（大学生21歳・男性）

「大学生の読書時間『0分』が5割に」（2月24日朝刊）という記事に、懸念や疑問の声が上がっている。もちろん、読書をする理由として、教養をつけ、新しい価値観に触れるためというのはあり得るだろう。しかし、だからと言って本を読まないのは良くないと言えるのだろうか。

私は、高校生の時まで読書は全くしなかった。それで困ったことはない。強いて言うなら文字を追うスピードが遅く、大学受験で苦労したぐらいだ。

大学では教育学部ということもあり、教育や社会一般に関する書籍を幅広く読むようになった。だが、読書が生きる上での糧になると感じたことはない。役に立つかもしれないが、読まなくても生きていく上で問題はないのではないかというのが本音である。読書よりもアルバイトや大学の勉強の方が必要と感じられる。

読書は楽器やスポーツと同じように趣味の範囲であり、読んでも読まなくても構わないのではないか。なぜ問題視されるのか。もし、読書をしなくてはいけない確固たる理由があるならば教えて頂きたい。

死ぬほど読書／目次

第2章　どんな本を読めばいいのか　53

第3章　頭を使う読書の効用　79

構成　高木真明
写真　ENZO(ROKUNANABASE.INC)

第1章
本に代わるものはない

本の時代が復活する

ネット社会の隆盛《りゅうせい》が本の市場に与えた影響は少なくありません。本がかつてほど売れなくなったのは、明らかにネットの普及にあります。

しかし、私はこの流れがそのまま続くとは思いません。再び本が見直される時代がくると見ているのです。そのキーワードは「信頼性」です。

いまは情報拡散力の高いネット上のソーシャルメディアによって、あっという間に世界中に情報が伝達していく時代です。ところが、その情報に対する信頼度は低い。

トランプが勝利した先のアメリカ大統領選では、さまざまなフェイクニュースが飛び交いました。トランプ陣営はオバマ前大統領を貶《おとし》めるようなデマを、ソーシャルメディアを使って、しきりに拡散させたといわれました。「ローマ法王がトランプ支持の声明を発表した」という強烈なものもありました。

また、イギリスのEU離脱をうながす一因となった、離脱派の英国独立党党首の意図的な嘘《うそ》（EUへのイギリスの拠出金が実際の3倍強もあると話していた）も、ネットの後押しがあったからこそ、大きな力を持ってしまったわけです。

出鱈目《でたらめ》な嘘のニュースや情報で、世界が動く。こうしたことは今後インターネットにとって、大きな障害になってくる可能性があります。ネット上の情報は嘘や間違いだらけだということになれば、多くの人にとって、それは不利益を与えるものとして、まともに相手にする対象ではなくなるかもしれません。

DeNAの「WELQ《ウエルク》」という健康・医療情報を扱ったキュレーションサイトが、他のサイトからの無断転用や薬事法違反に相当する情報記事を多数掲載していたとして、少し前に問題になりました。

キュレーションサイトとはネット上の情報を集め、独自の編集で整理して新しい価値をもたせたサイトのことです。玉石混淆《ぎょくせきこんこう》のネット情報から石を取り除いて玉ばかり集めてきたかのような印象があり、しかも検索結果の上位にくるので、ネットのなかでは信頼度が高いというふうに見られてきました。

しかし、検索結果の上位にくるのは信頼度が高いからではまったくなく、SEO対策(ページを最適化し、検索結果で多く露出してアクセスを集める流れのこと)でそうなっているだけなのです。「WELQ」の一件によって、ほかの多くのキュレーションサイトでも同じような杜撰《ずさん》さがあることが露呈してしまいました。

コンピュータはビッグデータなど情報を整理するスピードに関しては非常に優れていますが、その情報の真偽など質を見極めることはできません。

一つひとつの情報が、どこの誰が責任をもって発しているのかが見えないがゆえに、いい加減な情報で溢《あふ》れかえってしまう。

誰が発信しているのかは、とても重要なことです。たとえば、「中国筋によれば〜」というい方だけでは信頼性に欠けます。中国政府の誰がしゃべったのか、33の行政区のうちどこの区が発したのか、といったことが問われるわけです。「東京都によれば〜」といえば、知事なのか、都の何課の職員なのか、誰がいったのかということになります。情報の信頼性を最低限担保するものとして、どこの誰がいっているのかがわからなければ、信じるに値しない情報ということになります。

その点、ネットと比べて、本は発信する人が誰なのかがはっきりとわかります。たとえ極端な意見であっても、読み手はこの人が責任をもって書いているんだなと安心して読み進められます。

書き手の氏名がきちんと入っていることは、これからの時代、強みではないでしょうか。

ネットはこれまでは光の部分ばかりにスポットライトが当てられてきましたが、信頼性の欠落という影の部分が、これからいろいろな問題を伴ってクローズアップされていくように思います。

そのネットの影の部分を埋めるものとして、本は再びその価値が見直される。私はそう思っています。

専門家であっても信頼できるとは限らない

ただ、気をつけないといけないのは、誰が書いているのかが明らかであっても、それだけで信頼性が十分に担保されているわけではないことです。

有名な大学の先生だから、大会社の経営者だから、有名なアスリートだから信頼できる、というものでもない。どんなに有名であっても、理化学研究所のＳＴＡＰ細胞騒動のようなことだってあるのです。

原発にしても築地市場の豊洲移転問題にしても、専門家がこういっているといっても、素人にはわからない部分が多々あるから、専門家は嘘をついてごまかすことができる。

また専門家だからといって、その考えや意見にいつも傾聴すべき重みがあるというわけでもありません。最近いろいろと議論されていた天皇の退位問題については、有識者会議で「特例法で一代限りにすべきだ」とか「皇室典範を変え、今上天皇だけではなく、今後永続するルールにしたほうがいい」といった意見が出ていましたが、正直、専門家であろうとなかろうと、たいして変わらない意見です。

分野やテーマによっては、専門家だから素人とは違う有意義なことをいっているとは限らないのです。

ビジネスの世界でも「あの有名な会社が、お金を出すから一緒にやろうといっている以上、間違いない」と判断して、事業に失敗したケースはいくらでもあります。私自身もそういう経験があります。

大新聞社が行った世論調査にしても、調査のやり方からきちんと見ていくと、世論を正しく反映しているのか定かではないことが多々あります。

たとえば中国人の大半は日本が嫌いだという調査結果があっても、では何人にそれを聞いたのか？　質問の仕方はどうだったのか？　ということが大事です。

その調査で5000人にアンケートをとって、そのうち回答率が30％だったとすれば、1500人。中国14億のなかのたった1500人が答えているものが、本当に全体の考えを反映しているといえるのか？

質問も「好きですか？　嫌いですか？」と聞くのと、「嫌いですか？　好きですか？」と順番を逆にして聞くのとでは、結果はおそらく変わってくるはずです。

新聞やテレビだって、真実をちゃんと伝えているかといえば、そんなことはない。

戦中は、軍部の情報局の指導で日本文学報国会なるものが結成され、多くの作家たちが名を連ねました。彼らはペンの力で戦争を賛美するよう求められたのです。林芙美子や尾崎士郎のように従軍作家となって中国大陸のリポートをしたものもいます。中国はいいところだ、ハエ一匹飛んでいない、きれいで素晴らしいところだと礼賛一辺倒の極端な記事が出まわりました。ところが実際の現地では、ハエがそこらじゅうを飛び回って、家畜の豚なんかと一緒に寝ているような不衛生な環境で暮らしている人々もたくさんいました。

戦前、戦中と長きにわたって、そうした実情を伏せて紹介したため、情報にうとい人たちはそれらを信じてしまい、とくに戦前には中国に開拓に出かける人もたくさんいたわけです。

一方で『日中の120年 文芸・評論作品選 全5巻』（岩波書店）によると、戦後は、戦前・戦中の反省と、中国側に対する考慮や革命への憧憬もあり、よい面しか書かない傾向もありました。

このように、社会的に信頼度が高いと思われている専門家や大手マスコミ、大企業であっても、すべての情報が真実かどうか、信頼できるかどうかは本当にはわからないのです。

情報のクオリティを見抜く

私は商社マン時代に情報のクオリティがいかに重要か、幾度も身をもって知りました。

入社して間もなくニューヨーク駐在に赴く折、幹部役員であった瀬島龍三《せじまりゅうぞう》さん（1911～2007年）からもらったアドバイスが忘れられません。

瀬島さんは太平洋戦争時の大本営陸軍部の作戦参謀だった元軍人です。11年間のシベリア抑留を経て、47歳のときに伊藤忠商事に入社し、伊藤忠を総合商社に発展させた功労者です。その瀬島さんは私にこういいました。

「もし問題が起こったら、すぐ飛行機に乗って現地へ行きなさい。お金なんか気にしなくてもいい。それで会社から文句をいわれるなら、私にいいなさい」

商社マンは一次情報を一刻も早く得ることが、とても重要だと教えてくれたのです。これは日本軍の大本営作戦参謀であった瀬島さんの「すべては現場に宿る」という自戒的教訓からきた言葉だと思います。

アメリカに行ってから、私は瀬島さんのこの言葉を痛感することになります。

大豆を扱っていた私は穀物相場の読みを外し、500万ドル近くの損失を出したことがありました。これは当時の日本円に換算して約15億円。当時の会社の税引き後利益に匹敵するものでした。

大失敗の原因は、ニューヨーク・タイムズの一面に大きく載った「今年は深刻な干ばつになる」という予測記事を鵜呑《うの》みにしたことです。穀物が枯れて荒地になっている写真のついたその記事を見た私は、「干ばつが続いて、大豆相場はきっと高騰するに違いない」と確信し、大豆をどんどん買いました。

ところが日照り続きだった天候が一転。今度は慈雨が降り出しました。すると農務省は「今年は大豊作になるだろう」という予想を発表します。それに反応した相場は上げ歩調から反転、あっという間に暴落してしまいました。

損失額のあまりの大きさに、私は辞表を出そうかと本気で迷いました。同僚たちはみな私に対して微妙な距離を置き始め、まさに針のむしろに座っている気分でした。

そのときに東京の食糧部門の上司だった筒井雄一郎さん（1929～1987年）(伊藤忠商事・専務）が、「一切隠し事はするな。すべて会社に報告しろ。お前がクビになるなら俺が先にクビになる」と、むしろ励ますかのようにいってくれたのです。筒井さんは「上司にも部下にも取引先にも妻にも嘘はつかない」という信念の持ち主で、非常に人徳がある方でした。

筒井さんの言葉に吹っ切れた私は、事の経緯を正直にすべて報告し、含み損を何とか挽回しようと考えました。

そこで思ったのは、どんなに多くの人に支持された権威ある新聞でも、そこに書かれている記事が信用できるものとは限らないということです。記者がどういうプロセスを経て情報を取ってきたのか、読者にはわかりません。

その情報源がどういうものだったのか、穀物相場や農業事情に関する記事なら、どれだけ現場に足を運んで自分の目で確かめているか、読者にとってはブラックボックスです。少なくとも新聞記事になっている段階で、手あかのついた二次情報です。そういうものを鵜呑みにしてしまったことを深く反省しました。

瀬島さんがいうように、「現場にすべてがある」のです。一次情報をいかにして集めるか。そのための努力を惜しまずやろうと考えた私は、自分で車を運転して産地に何度も足を運んだり、民間の天気予報会社と契約したりして、あらゆる情報を集めて分析しました。

そうこうしているうちに、その年の秋に大寒波が来るだろうという確度の高い予報情報を得ました。すると実際に大寒波がやって来て、相場は急騰、私は含み損を解消して儲《もう》けを出すことができたのです。

その翌年、ニューヨーク・タイムズは、今度は小麦地帯が「大干ばつに襲われる」と報じました。「今度は騙されまい」と、すぐ飛行機の手配をし、カンザス州に向かいました。そこでレンタカーを借り、広大な畑を見て回ったのですが、干からびているところなど一つもありません。見渡す限り、どこもかしこも青々としています。

これは買ってはだめだと思い、自慢めきますが、周囲がみな買っているなか冷静に対応し、買わずに損をまぬがれたということもありました。

この経験から、私は一次情報の重要性を深く認識しました。ビジネスにおいて情報は生命線です。情報に振り回されないためには、どうやって情報の質と精度を高めるか。そのための努力と工夫を惜しんではいけないのです。

私はその後、新人社員に「瀬島さんは『問題があればすぐ現地に行け』といわれたよ」という話をよくしました。

何が正しくて何が間違っているのか、情報の質はいかなるものか？

とりわけ、ネットを中心に夥《おびただ》しい数の情報が溢れている時代にあってはなおさら、接する情報を一度は疑ってみる必要があります。そのためにも日ごろから、常識的判断や情報リテラシーは磨いておくべきだと思います。

「自分は何も知らない」と自覚する

人間にとって一番大事なのは、「自分は何も知らない」と自覚することだと私は思います。

「無知の知」を知る。読書はそのことを、身をもって教えてくれます。本を読めば知識が増え、この世界のことを幾分か知ったような気になりますが、同時にまだまだ知らないこともたくさんあると、それとなく気づかせてくれます。

何も知らないという自覚は、人を謙虚にします。謙虚であれば、どんなことからでも何かを学ぼうという気持ちになる。学ぶことで考えを深め、よりよい社会や人間関係を築こうとする。たとえ自分とは違う考え方のものであっても、それを認められる。自分が何も知らないという思いは、その人を際限なく成長させてくれます。

反対に自分は何でも知っている、何でもわかっていると思っている人ほど、質《たち》の悪いものはないかもしれません。こういう人は傲慢で、何でも人より優位に立って、自分の思い通りに事を進めようとしたりします。

ツイッターで毎日のように世界に要らぬ波紋を呼んでいる、あのアメリカの新大統領などは、まさにこういうタイプなのかもしれません。

いわゆる知識人といわれる人は、専門分野のことは非常に詳しいものの、専門外のこととなると、ふつうの人とたいして変わりありません。

この世界のことなら何でも知っているといわんばかりの博覧強記の人であっても、知らないことのほうが知っていることより、遥かに多いはずです。

人の一生は限られていますから、どんなに頑張ってたくさんの本を読んでも、限界があります。物理的にも人が知りうることには限りがあるということです。

ネットの急速な発達によって、世の中に出回っている情報量は爆発的に増えています。

カリフォルニア大学バークレー校のピーター・ライマン教授（１９４０〜２００７年）は、１９９９年の時点で、人類が過去30万年かかって蓄積した情報量より多くの情報が、次の3年間（2000〜2002年）で蓄積されると指摘しました。

それがもし本当であるなら、現在それから20年近くの歳月が流れ、その間のネットの浸透ぶりを考慮すれば、さらに気が遠くなるほどの情報が蓄積されているはずです。

もちろん、世の中に出回っている膨大な情報のかなりの部分はどうでもいいようなものかもしれませんが、いまの時代、生きている間にも知らないことが加速度的に増えていることだけは間違いありません。

読みながら考えないと身につかない

同じことでも、本を通して知ることと、ネットを通して知ることとは違います。

たとえば、新大陸を発見したクリストファー・コロンブス（1451頃〜1506年）についてネットで数行で紹介されているものに目を通すのと、コロンブス個人や大航海の背景にある当時のヨーロッパの地政学について記述した関連書物を読むのとでは、同じ「知る」でも、その意味合いがかなり違います。

ネットで検索すれば、簡単に知ることはできます。しかし、そこで得られるのは単なる情報にすぎません。細切れの断片的な情報をいくらたくさん持っていても、それは知識とは呼べません。

なぜなら情報は「考える」作業を経ないと、知識にならないからです。考えることによって、さまざまな情報が有機的に結合し、知識になるのです。読書で得たものが知識になるのは、本を読む行為が往々にして「考える」ことを伴うものだからです。

何かについて本当に「知る」ということは、少なくとも知識というレベルにまで深まっていなければならないと思います。

そして決定的なのは、人類が悠久の時間をかけて積み重ねてきた膨大な知識は、この世界についてのごく一部にすぎないという事実です。

生物進化の果てになぜ人間が生まれ、言葉を持ち、文明を築いたのか？　この大宇宙のなかでなぜ地球だけが高度に発達した生命がいるのか？　はたまた生命とはそもそも何なのか？　世界は考えれば、まだまだわからないことだらけです。

詰まるところ、人間がこの世界についてわかっていることなど、1%もないのかもしれません。

つまり、われわれが生きている世界は、ほとんど「知らないこと」でできている。そのことを考慮すれば、「知っている」という驕《おご》りは生まれようがない。

「何も知らない」という前提があるから読書はできるのだし、いくら読書を重ねても、その前提が消えることは永遠にありません。

「何も知らない」ことを知る。人が成長する上で、これほど大事なことはないのです。

無駄な読書なんてない

本はいってみれば、人間力を磨くための栄養です。草木にとっての水のようなものといえます。

したがって雑草にせっせと水をやるよりは、大木になりそうな木に水をやったほうがいい。しかしながら、どれが大きく育つ木になるのかがわからなかったり、そもそも大木か雑草かの見分けがつかなかったりすることもあります。となると、乱読はともすれば、雑草にもたくさん水をやるような行為になりえます。

ドイツの哲学者ショウペンハウエル（1788～1860年）は著書『読書につい

て』で、「娯楽のための読書は雑草を育てているようなもの」と書いています。

もっとも私は、雑草に水をやるような読書は無駄である、といいたいわけではありません。雑草があるからこそ、大木の価値もわかるわけだし、雑草のような本をいろいろ読むことで本を見る目も養われます。

ショウペンハウエルは「雑草は麦の養分を奪い、麦を枯らす。すなわち悪書は読者の金と時間と注意力を奪う」と手厳しいですが、雑草には雑草の価値がある。

書店に行けば、雑草や花や木が生い茂っています。それを眺め渡して、「この辺はちょっと変わった花が咲いているな。面白い木があるな」と思って買ってみる。面白そうな木や変わった花だと思ったものが、読んでみると、雑草のこともある。あるいは反対に雑草と思ったものが、後からとんでもない大木になったりするかもしれない。

これは面白い——自分にとって必要な本だと思えば、類書を当たったり、巻末の参考文献からまた面白そうなものを探してみる。絶版になっている古い本であれば図書館に問い合わせたり、インターネットで古書を探してみる。そうやって育つ木は枝葉を縦横に伸ばし、さらに大きくなっていきます。

本を買うことは、宝くじを買うようなギャンブルではありません。買って読んでみたけど雑草だったというような無駄なお金をたくさん使うことで、「これはいい花を咲かせそうだ」とか「太いしっかりした木に育ちそうだ」といった見当がだんだんつくようになります。そして、買った本のなかで雑草だったという割合が減ってくる。

その意味では、読んでみたけど雑草だったという経験は必要なのです。


私は実家が本屋だったので、子ども向けから大人専用の雑誌まで何でも読みたい放題でした。店の棚から抜き取った本を汚さないようにきれいに読んで、また元に戻すということをよくしていました。

これまでの読書遍歴を振り返ると、じつにさまざまな本が目に浮かんできます。

子ども時代は漫画に始まって、野口英世やシュバイツァーらの伝記、『世界少年少女文学全集』、アレクサンドル・デュマの『三銃士』やバーネット夫人の『小公子』『小公女』、中学・高校時代は下村湖人の『次郎物語』、大学時代はロマン・ロランの『ジャン・クリストフ』『魅せられたる魂』、福澤諭吉の『学問のすすめ』、志賀直哉の『暗夜行路』、倉田百三の『出家とその弟子』、『日本文学全集』『世界文学全集』『マルクス＝エンゲルス選集』『レーニン選集』、イギリスの歴史学者E・H・カーの『ロシア革命』、アイザック・ドイッチャーの『武装せる予言者・トロツキー』、トルストイの『アンナ・カレーニナ』『戦争と平和』、丸山眞男の『現代政治の思想と行動』、社会人になってからは吉川英治の『宮本武蔵』『新・平家物語』、アメリカのジャーナリスト、デイヴィッド・ハルバースタムの『メディアの権力』、ドイツの文化哲学者オスヴァルト・シュペングラーの『西洋の没落』、レヴィ＝ストロースの『悲しき熱帯』、イギリスの歴史学者キース・ジェンキンズの『歴史を考えなおす』、トルストイの『人生論』、アダム・スミスの『国富論』、マックス・ウェーバーの『職業としての学問』等々、心に刻まれた本は、それこそ無数にあります。

これらは姿形こそ見えませんが、みな私のなかで一本の大きな木に育っているかもしれません。私が死ぬまで、きっとそれは生長し続けるのでしょう。

人がすすめる本は当てにならない

いろんな若い人と本の話をしていると、「どういう本がおすすめですか？」といったことをたまに聞かれます。そんなとき私はこう答えるようにしています。

「あなたが面白そうだと思うものを読みなさい」

すると、相手は一瞬「えっ!?」という顔をします。おそらく「この本は絶対面白いよ」とか「これは仕事をする上で必読書だよ」といった答えを期待していたのでしょう。

しかしながら、私がこれは大木だと思っている本でも、人からすれば雑草かもしれない。逆に人がこれはりっぱな木だと考えている本が、私にとっては雑草にすぎないかもしれない。

立場によって、考え方や感じ方によって、これはいい本だとか必読すべき本だといった価値観は変わるものです。人がいくらいいといっても、関心のないものは一生懸命に読んでも頭に入らない。蒙《もう》を啓《ひら》く内容だといわれても、基礎知識がなければ理解できない。

また、自分のなかでも、年齢とともにとらえ方が変わることはいくらでもあります。

若い頃に読んですごい本だなと思っていたものが、何十年か経《た》って再び読み返すと、あまりピンとこなかったり、反対に若いときには秘めている値打ちに気づかなかったものが、人生経験を積んだことでようやくわかったりすることもある。

たとえば、私が学生時代に読んで感動したロシアの実践的思想家、レフ・トルストイ（1828〜1910年）の『戦争と平和』をいま読んだとして、以前と同じように感激するかといえば、おそらくそれはないでしょう。

最近、こんな実験をしてみました。55年ほど前に読んで大きな影響を受けたロマン・ロラン（1866〜1944年）による長編小説『ジャン・クリストフ』を久しぶりに読み返したのです。

これはロマン・ロランが自ら筆をとったベートーヴェンの伝記をベースとして、「あらゆる国の悩み、闘い、それに打ち勝つ自由な魂たち」に捧げるといって書いた作品です。

主人公のジャン・クリストフは自分の気持ちに正直に生きるあまり、さまざまな困難や試練にぶつかりますが、それを乗り越え、作曲家として成功を収めていきます。

私自身、自分の気持ちに正直でいようといい聞かせながら、これまで生きてきましたが、それがどれだけ難しいことか、この歳《とし》になるとよくわかります。

会社で上司にいいにくいことを直言して衝突したり、そのため周りから疎んじられたりといった経験もしました。

あるとき、同僚が上司の不正な行為のことで悩んでいるのを見かねて、若気の至りと正義感もあったのでしょう、「君がいえないなら俺がいってやる」といって、上司に「あなたのやっていることはおかしい」といったのです。そのことで、もし会社にいられなくなっても、別にかまわない。どこか別のところで働こうと思っていました。

たとえば、あなたが粉飾決算をし、利益を出せば来月部長になれるが、正直に損失を報告すれば部長になれない場合、どうするか？　たいていの人は来月はよい風が吹くかもしれないと思って嘘をつくほうを選ぶのかもしれません。それが人間というものだし、それだけ心に忠実に生きるということは大変です。

心に忠実に生きるなんて考え方は書生っぽい生き方だ、そんなことではこの社会は生きていけない、と思う人もいるでしょう。しかし、そう思われようと、これは各々の価値観と心の問題です。

死ぬ間際に「ああ、俺の人生は幸せだった。人も騙していない、傷つけてもいない。自分の心に忠実に、思い通りに生きた」と思えるか。「ああ、しまった、会社にも部下にも悪いことをした」というようなことがあれば、心のどこかにずっと残るものです。

どれだけ心に誠実に生きられるか？　こういうことを考えるようになったのも、『ジャン・クリストフ』の影響が多少なりともあったのかもしれません。

私にとっては生涯忘れがたい一冊となった本ですから、再読することでそれが55年後の自分にどう響くか、興味があったのです。

『ジャン・クリストフ』は文庫本一冊が500〜600頁で、全部で4巻あります。相当な長編です。自分の心がどう反応するのか、興味津々で読み始めたものの、2巻目を読み終えたところで挫折しました。

やはり、同じ本でも年齢や時代によって、受ける印象はまったく違うものです。

そこで「55年前と同じような感動と感激があったら、俺はアホだ」と思いました。もしそうなら、ほとんど成長をしていないことになるからです。

歳をとって感動しなくなったというと、感性が衰えて感じる力が弱くなったようにも聞こえますが、そんなことはないと思います。ただ、若いときと違って、感じる対象が変わってくるのです。同じ本でも、若いときと歳をとったときとでは、感じ方が違って当然なのです。

好色本や漫画からも学べることはある

モンテーニュ（1533〜1592年）の『随想録』などは、昔読んだときとはまた違った感興が湧きます。

モンテーニュの独特の懐疑主義に貫かれた人間に対する深い洞察は、以前よりも深いところに響いてきます。

『随想録』は古代ギリシア・ローマ時代の古典文献をたくさん引用しています。すなわち、アリストテレス、プラトン、プルタルコス、セネカといった先哲の考え方を参考に、モンテーニュは「人間とは何か？　知性や理性とは何か？」を執拗《しつよう》に追求している。

そんな深い奥行きと広がりに、また魅力を覚えるわけです。

だからといって、『随想録』はいい本ですよ、などとはいいません。その人が読みたいものであれば、漫画だって好色本だっていいと思います。

どんな本でも学べることはいろいろあります。好色本も例外ではありません。

男女の仲というのはこんな気持ちになったり、精神の葛藤があるんだということがわかる。好色本だからだめということはまったくない。本人に関心があったり、何かを学ぼうという思いがあれば、人の目をはばかって読むのを躊躇《ちゅうちょ》する必要はありません。

私は中学生の頃から、その類《たぐい》を嫌というほど読みました。いま、官能小説を書けといわれたら、書けるくらいです。若いときにさんざん読んだので、社会人になってからは一切読んでいません。

漫画も若い頃は、けっこう読んでいました。会社に入って独身寮にいる頃は、白土三平の人気劇画『カムイ伝』が連載されていた漫画雑誌「ガロ」を定期購読して、通勤で使う中央線のなかで読んだりしていました。

いつだったか、電車のなかで「ガロ」を読んでいたら、年配の男性に「最近の若いのは漫画ばかり読んで……」といわれ、なんでそんなことをいわれなくてはいけないんだと思ったこともあります。漫画はどんなものでもテーマにできるから、社会のことや人間のことがいろいろ学べます。

関心があるということは、「学びたい」気持ちがあるということです。

ですから、傍《はた》から見れば雑草のような本でも、興味があればどんどん読んでいけばいいのです。そんな姿勢がある限り、必ず何かを得られるはずです。

何が教養を磨くのか

教養というと、大前提として知識の量が関係すると思われるのではないでしょうか。しかし、私は知識というものは、その十分条件ではないと考えます。

私が考える教養の条件は、「自分が知らないということを知っている」ことと、「相手の立場に立ってものごとが考えられる」ことの2つです。

ですから、有名大学を出て知識をたくさん持っている人が、必ずしも教養人というわけではない。むしろ、そういう人のなかにも教養のない人はたくさんいます。

たとえば、一生懸命勉強をしてきた高学歴の母親が、「この子はバカでどうしようもない」と自分の子どもの前でいっているのを見たことがありますが、この母親は無教養です。その言葉が子どもの心にグサリと刺さることを想像できない。子どもは親にどう思われたいのか、何を求めているのかがまったくわかっていません。

こういう人は知識を詰め込んできたので勉強はできるかもしれませんが、たとえ、自分の子であれ、相手の立場でものを考えることができないのでしょう。私から見れば、明らかに教養がない人なのです。

では、教養を磨くものは何か？

それは仕事と読書と人だと思います。この3つは相互につながっていて、どれか一つが独立してあるというものではない。読書もせず仕事ばかりやっていても本当にいい仕事はできないだろうし、人と付き合わず、人を知らずして仕事がうまくできるわけはありません。

仕事は、私にいわせると、人生そのものです。食べるためとか、お金を儲けるためとか、家族を養うためとか、そういう類のものだけではない。人生から仕事をとってしまえば、何も残らないといってもいい。仕事をすると、喜び、悲しみ、怒り、ひがみ、やっかみなど、さまざまな思いを味わうことになる。こういったあらゆる感情が経験できるのは、仕事以外にありません。

仕事というのは、お金を報酬としてもらうものとは限りません。さまざまなボランティアもそうだし、困っている人々のために働いたり、身体を動かすこともそうです。

仕事を通して人はさまざまな経験を積み、人間への理解を深めていけるのです。仕事もせずに趣味だけに生きていても、人としての成長はないと思います。

本は働く意識を大きく変える

マックス・ウェーバー（1864～1920年）は『プロテスタンティズムの倫理と資本主義の精神』のなかで、資本主義の精神の根底には、プロテスタントの価値観が出発点にあると述べています。その価値観とは、「仕事は天（神）から与えられた天職であり、それを遂行することが『世俗内禁欲』という徳のある生き方である」というものです。

神に祈るような気持ちで、与えられた仕事を一生懸命にする。神に与えられたお金は天（社会）に戻す。そういう利他的な気持ちで仕事に生きる。現在の資本主義は単にお金（利益）を多く得ることが善だという感じになっていますが、もともとはそんな禁欲的な精神が資本主義の源流にはあるというわけです。

私はキリスト教信者ではありませんが、このような天職という感覚で仕事をすることは、とても大切だと思います。

日本にも仕事における倫理の必要性を説いた人物がいます。マックス・ウェーバーが『プロテスタンティズムの倫理と資本主義の精神』を著した1905年とほぼ同時期（1893年）に、現在の伊藤忠商事の根幹となった伊藤糸店を開店した、第五代伊藤家の次男で糸店店主となった初代伊藤忠兵衛《いとうちゆうべえ》（1842〜1903年）です（伊藤家家業の創業は1858年）。

伊藤忠兵衛は、「商売は菩薩《ぼさつ》の業、商売道の尊さは、売り買い何《いず》れをも益し、世の不足をうめ、御仏の心にかなうもの」と述べています。商売道は世のため、人のためでなくてはならないというわけです。

近江《おうみ》の出であった伊藤忠兵衛の心のなかには、近江商人伝統の「売り手よし、買い手よし、世間よし」の「三方よし」の倫理的精神が熱く息づいていたのです。

自分さえよければ、会社さえ儲かれば、の気持ちでいては、たとえいま仕事がうまくいっていても、早晩必ずだめになります。

じつはそういう倫理観を一人ひとりが持って行動をすれば、最終的には、当人も周りも最大の益を受けられるのではないでしょうか。その意味では「三方よし」の考え方は単なるきれいごとではなく、極めて合理的な知恵が秘められていると思います。

自分の心に嘘をつかず、人のために仕事をすることがいかに大事か。だから私は仕事の心構えとして、自分自身と部下たちにひたすら「清く、正しく、美しく」といい続けてきました。

私はたとえ500億円もの利益をもたらす大型案件であっても、法に抵触しそうであったり、誰かを陥れるようなものであれば、却下しました。

「清く、正しく、美しく」とはあまりにも普通すぎる内容ですが、このシンプルで平易な倫理観を貫くのは、思っている以上に難しいものです。

人間ほど複雑なものはない

人には寿命があり、そのなかでできる仕事は限られています。ですから、経験できないこともたくさんある。それを埋め合わせたり、人生を豊かにしてくれるのが読書です。私は「人間とは何か」という問いに突き動かされて、たくさんの本を渉猟《しょうりょう》してきました。しかし、探れば探るほど人間という存在は謎めいてくるばかりで、この問いに答えはありません。

フランスの科学者アレクシス・カレル（1873〜1944年）が書いた名著『人間——この未知なるもの』は、私のそんな問いにヒントを与えてくれた一冊です。カレルはノーベル生理学・医学賞を受賞した外科医・解剖学者・生物学者。この本は人間の可能性と未来を、専門の知見をベースに考察したもので、当時ベストセラーになりました。

人間を肉体や精神の構造、意識、成長、健康と寿命、適応能力などの観点から総合的に分析し、肉体と精神がコインの表裏の関係のように密接につながっていることを喝破し、事例的にわかりやすくまとめたのです。

カレルは当時のヨーロッパの歴史的背景の影響もあって、優生学的な思想を持っていました。カレルほどの知性の持ち主でも、理性的な思索行為に感情のバイアスが大きく影響して判断を誤るということです。でも、そうしたことを差し引いても、『人間――この未知なるもの』は後世に読み継がれていくべき本だと思います。

これを読むと、人間がいかに謎めいていて、複雑な生き物であるかがよくわかります。人間とはこういうものだ、といった安易な結論を出すことは無知ゆえの傲慢であり、怠惰だと思います。人間とは何か？　という問いに対し、人は謙虚でなくてはならない。この本はそんなことをシンプルに教えてくれます。

読書はしばしば、現実の世界では体験できないことを想像させてくれます。

いまという時間や空間を超えて、４０００年前の中国古代に行って黄河文明に触れることもできるし、古代ギリシアへ行ってソクラテス（紀元前４７０～紀元前３９９年）と対話することもできる。自分が経験できないようなことを、読書を通して体験する。それによっていろいろな人の立場に立ってものごとを見たり、考えたりできるわけです。

そうすることで自分の視野や思考の範囲がぐんと広がり、想像力が鍛えられます。

想像力は現実を生きていく上で、とても大事なものです。本を読んでさまざまな生き方や思考を体験できれば、想像力はどこまでも伸び、世界はそれだけ広がります。

人間という謎に満ちた存在に対しても、洞察と理解が深まります。

その上で、「自分が知らないことを知っている」「相手の立場に立ってものごとを考えられる」という姿勢で生きていくことが、奥行きと深みのある人間を形成するのです。

見栄をはるための読書にも意味はある

書斎というのは絵になるからなのか、よく月刊誌の口絵などに自分の書斎を背景にした著名人の写真が載っていることがあります。

そういう書斎を見ると、りっぱな文学全集や豪華な装丁の絵画集、分厚い洋書や見るからに難しそうな専門書などがずらりと並んでいたりします。間違っても、健康実用書や旅行のガイドブック、あるいは気軽に読めるミステリー小説や文庫本の類が所狭しと並んでいる風景を目にすることはありません。

本棚を見れば、だいたいその人の関心の向きや知的レベルがわかるものです。りっぱな本がたくさん並んでいる書斎を見せることで、私はこういうレベルの人間です、ということを秘かにアピールしているのでしょう。

これは、いうまでもなく虚栄心の一種です。

私にも虚栄心はあります。たとえば、私の書斎の本棚はただ読み終えた本を端から順番に並べているだけのもので、とても人様に見せられる代物ではありません。

しかし、そうしたことをここで書くと、「私は上っ面の恰好にとらわれないスタイルでやっている」と、どこかで自慢もしている。実用的に使っているだけの本棚そのものは虚栄でもなんでもないが、あえてこういう文脈で書いてしまうと、虚栄の一種となってしまう。

もっとも私は、虚栄心を否定しているわけではありません。虚栄心は誰もが持っており、単純に否定すべきものではありません。虚栄心は人が向上したり、社会が発展していく上で欠かせないものだからです。

この虚栄について深く洞察したのが、古典経済学の入門書として知られる『国富論』を著したアダム・スミス（1723～1790年）です。

『国富論』を出す17年前に、彼は『道徳感情論』という本を出版しています。

アダム・スミスと聞くと、「神の見えざる手」という概念に象徴される市場経済の提唱者をイメージする人もいると思いますが、じつは経済学だけでなく、道徳哲学も大学で教えていました。ですから彼の経済理論の根底には、人間がいかなる生き物であるかという深い洞察があるのです。

アダム・スミスが『道徳感情論』で述べようとしたのは、富を追求する人間の本能を肯定しながらも、同時にそれが行きすぎないように歯止めをかける道徳が必要だということです。富の追求と徳の追求は相矛盾するものではなく、人のなかでバランスよく共存させることが重要だといいます。

そのために彼は、人との共感に基づく「観察者」なるものを心のなかに置けといいます。この観察者が、富や世間の評価を追求する利己心にブレーキをかけるというのです。アダム・スミスはこの本のなかで、虚栄という言葉をキーワードとして取り上げています。

誰でも立派だとか美しいと思われたいものです。それが虚栄心です。しかし、虚栄心は人の目がなければ生まれません。

たとえば、山奥で隠遁者《いんとんしゃ》のように生活したり、無人島で暮らしていれば、人の目を気にすることはありません。きれいに身支度する必要もなければ、恰好をつけた振る舞いをする必要もない。粗末な住居に住んでいようと一向にかまわない。とりあえず食料と寝起きできる住居があって、そこそこ気分よく暮らせれば、それ以上のものは望まないと思います。教養を身につけたり、人格を磨いたりといった向上心を抱くこともないでしょう。それは人の目をまったく意識しない生活だからです。

虚栄心があるからこそ、人は成長しようとか、競争して勝とうといった気持ちが湧いてきます。それが経済社会を前に動かす大きな力になります。ですから、虚栄心は、うまく使えば、人や社会に大きな可能性をもたらしてくれるのです。

すなわち、虚栄心は心の自然な現象であり、それがあるからこそ社会は進歩し、繁栄する。ただ、それが行きすぎないようにコントロールする力を培うものとして道徳心が必要なんだ、とアダム・スミスはいっているわけです。

虚栄心を上手に使えば、自分を磨き、成長させてくれる原動力になります。

その意味で虚栄心から本を読むことは、けっして悪いことではありません。知識を身につけてすごい人だと思われたい。みんなを唸《うな》らせるような知識を仕込んで恰好いいスピーチをしたい。そのような動機が読書の入り口にあってもかまわないと私は思います。それがきっかけとなって好奇心が広がり、読書の幅も広がったりすることがあります。そういう意味では、読書と虚栄心はけっして相性の悪いものではないのです。

第2章　どんな本を読めばいいのか

いくつになっても偶然の出会いは楽しい

いま本をネットで買う人が非常に増えています。書店にはほとんど行かず、もっぱらアマゾンで本を購入するという人も少なくありません。

そうした影響もあって、書店がどんどん減っています。２０００年に全国に２万１４９５店舗あった書店は、２０１５年には１万３４８８店舗にまで減っています。

たしかにネットで買い物をするのは非常に便利ですが、いろいろな副作用もあります。宅配便業界はネット通販の取り扱い量が爆発的に増えたため、人手不足に陥り、また長時間労働によって疲弊するドライバーが急増しています。

荷物を運送するトラックの稼働時間が延びているため、排出されるCO_2の量も増加しています。これからも通販の市場は一層拡大していくでしょうから、運送業界は抜本的な対策が必要になるでしょう。

買い物は実際に現物を見て購入するのと、ネットで口コミなどの情報を見ながら買うのとでは、やはり違います。

わざわざ足を運び、視覚や手触りなどを総動員して買うのと、不確かさを残しながらネットで買うのとでは、ものに対する思い入れも変わってくるはずです。

本であれば、装丁や目次を見たり、中身をぱらぱらめくってみたりと、じっくり吟味ができます。

書店で本を買うよさはそれだけではありません。書店の面白いところは、いろいろな人（著者）と出会える点です。私は書店に行くとき、実際さまざまな人に会いに行くんだという、どこかわくわくするような気持ちを持っています。

書店ほど、ものすごい数の人に出会える場所はありません。「ああ、ありふれたテーマでも、こんなに多くの人がそれぞれの立場で発言しているのか」とか、「へえ〜、こんな珍しいテーマを真面目に研究しているのか」といった、思いもよらない出会いもたくさんあります。

時間に余裕があるときは、ふだんあまり見ることのないジャンルの棚なども眺めてみる。すると、「こんなすごいことがこの業界で起こっているのか」といった発見をしたりもします。

そういう偶然の出会いは、ネットでは体験できない書店ならではの楽しさだと思います。偶然の出会いというのは、人でもそうですが、それを大切にすることで、その人にとって意味ある面白いものにすることができます。

それまで知らなかった著者や作品と書店で偶然に出会うことは、その人の関心の領域を間違いなく広げてくれます。思いもよらない形で好奇心の幅が広がる喜び、それを堪能させてくれるのが書店のよさなのです。

いい本を見抜く方法

出版社の人と話をしていると、「タイトルを決めるときが一番悩みます」ということをよく聞きます。もちろん、タイトル以前に著者に原稿を書いてもらったり、編集をする作業のほうがエネルギーを使うのでしょうが、タイトルの決定はそれだけ迷うことが多いのでしょう。

また、組織が大きいところだと、編集部だけでなく営業部や役員も参加してタイトルを会議にかけたりするので、さまざまな意見が出すぎて、なかなか決まらなかったりするようです。

タイトルはそうやって練りに練った末に決まったものも多いので、タイトルに釣られて買ってしまうこともあります。しかし、実際に読んでみるとたいしたことがなくて、ああ失敗したな、と思うことも少なくありません。

ある編集者は、タイトルで売れるかどうかがほぼ決まってしまうといっていましたから、中身はさておき、とにかく売らんかなというあざといものも増えているのかもしれません。

私が本を買う決め手とするのは、目次です。書店で本を手にしたときは、まず目次をじっくり読みます。目次を見れば、どういう内容なのか、どういう構成で展開しようとしているのかがほぼわかる。作者がどういう意図をもって、何を読者に伝えたいのか、作者の論理的思考がだいたい見える。そうやって大枠を押さえておくと、理解も早く、読むスピードも上がります。

ですから目次は、私にとってはかなり重要です。まえがきに目を走らせることもありますが、あまり買う買わないを左右されることはない。やはり目次が決定的な材料です。

あとは本の装丁も影響することがあります。手にとってくださいといわんばかりの仰々《ぎょうぎょう》しいものは、いささか敬遠してしまう。むしろ、小ぶりのタイトルが慎ましげに表紙の隅っこに鎮座して、書店の目立たないところにあると、おおっと思って思わず手にとってしまいます。

あとがきは、本文に書けなかったり、テーマから少しはずれたことを載せていたり、誰かへの謝辞だったりするので、書店で読むことはほぼありません。ただ、文庫本などで解説があると、それを読んで判断材料にすることはあります。

ときには著者のプロフィールを見て、こういうテーマで研究をしてきて、こういう立場で言葉を発しているんだなとわかると、ちょっと読んでみようかということもあります。

そうやってよく吟味したつもりでも、はずしてしまうことはいくらでもあります。でも、外れることがあるから、期待以上のものに巡り合ったときの喜びも、また大きくなる。そういうことがあるから、書店で本を選ぶのは何ものにも代えがたい喜びなのです。

書評はどこまで信頼できるか

最近は大手の書店などへ行くと、新聞の書評で取り上げられた本を集めたコーナーがあったりします。

書評は新聞だけでなく、週刊誌をはじめさまざまな雑誌にも載っていますが、わけても大手新聞の書評は読者人口が圧倒的に多いこともあって、そこで取り上げられることは販売上、多少なりとも優位となるのでしょう。

私は書評を見て、本を買うことはあまりありません。知り合いの出版人が以前、「新聞などの書評で取り上げられたからといって、そう売れるわけではないんですよ」といっていましたが、実際そうなのでしょう。

そもそも書評は出版社の後押しや、人間関係の義理で紹介することもけっこうあるそうです。いい内容だから紹介されるとは限らないわけです。

そんな事情とは関係なく、選者が純粋に自分が紹介したいものを取り上げることもあるでしょう。

しかし、だからといって自分の好みに合うかどうかの保証はありません。興味の持ち方も考え方も感じ方も、人はみな違います。

だから私は人に、これはいい本ですよ、というすすめ方はしないわけです。

反対に、人からすすめられても、すぐに飛びつくことはしません。多くの人が気に入っても、私は私、人とは感じ方も好みも違うと思っているから、食指が動かないのです。

ことほどさように、書評は読者にとってはあまり参考にはならないし、当てにならない。その程度のものと思っておいたほうがいいと思います。

ハウツー本は読まない

いまは時代の移り変わりがあまりにも早すぎて、せわしない空気がいつも流れているような感じがします。そのため、ゆったりとした時間のなかで、落ち着いて本を読むという余裕を持ちにくいのでしょう。

そんな人が増えているせいか、新刊本なんかを見ていると、いわゆるハウツー本の類が増えているようです。すなわち、すぐに役立つものを読みたいという心理の人が、以前よりもずっと増えているということなのでしょう。

私はハウツー本の類を読むことはありません。ちょっと気になるタイトルのものがあっても、目次だけぱっと読んでおしまいです。

高齢者の増加を背景に、健康実用書も大流行りです。こうすれば膝の痛いのが治るだの、がんは防げるだの、ぴんぴんころりで天寿をまっとうできるだの、さまざまなテーマのものが次から次へと出されています。

そのような健康ノウハウを書いた本も、覗き見する程度です。体の管理は、毎朝の45分の散歩など日ごろの生活のなかで自分が決めたことをしていればそれでいいという気持ちがあるからです。健康に細心の注意を払って、100歳まで生きてやろうなどという気負いもありませんし、とくに大病もせずに生きられるところまで生きれば十分だと思っているからです。

ハウツー本に人気があるのは、最近の人は何にでも答えらしきものをすぐに求めたがる傾向が強くなっているからだと思います。即効性を求めることが悪いとはいいませんが、基本的に読書は即効性ばかりを求めてするものではないと思います。

たとえば、民主主義について知りたいと思い、歴史書や政治学の関連書を読むとします。しかし、それらの本を読んだからといって、民主主義が明快に理解できるわけではありません。

とりあえずの定義はあっても、そこには振れ幅があって、著者の立場によって民主主義のとらえ方は少しずつ違う。自分なりに民主主義はこういうものであり、こういう言論の活動をしてつくっていくものなんだという理解をきちんとするには、思考の反芻《はんすう》が必要になる。だから時間がかかります。

本を読んだときはすっきりしなかったけど、あるときストンと腑《ふ》に落ちるかのごとく理解できることもあります。民主主義を理解するためにさまざまな本を読んでも、すぐにすべてが理解できるわけではありません。

戦争をテーマにした本でも、戦争はなぜ起こるのか？　平和とは何か？　戦争が起こらないようにするにはどうすればいいのか？　等々、読んでいてさまざまな問いが生まれます。戦争は悪であり、こうすればもう起こりませんよ、などという単純なものではない。読みながら浮かんだ問いに対する答えが、すぐに得られるわけではありません。

ものごとは即効性を求めていいものと、求めても仕方のないものがあります。

読書は、即効性を求めても意味のないものが多いのです。即効性がなく、自分なりの答えを考えて探すというところに、読書本来の醍醐味があるのだと思います。

古典の値打ちとは何か

古典は、何百年も前から人々の心の渇きを潤してきた書物です。それだけの力を持っているものだから、古典とは何か、古典の力とは何かと問われても、そう簡単に答えることはできないと思います。

つまり、長い時間にわたって膨大な数の人に受け入れられた古典は、それゆえに非常に広い間口と奥行きを持っているといえます。

だから「かめばかむほど味が出る」ものかもしれないし、心に深く刻まれる、忘れられない作品になるかもしれない。若いときに読んだ際にはそのよさがわからなかったけど、歳を取ってから読んだら心に沁《し》みるものだったということもあるかもしれない。

人によっては古典は読書の基礎をなすものだというかもしれないし、古典は気が向かないからわざわざ読まなくてもいいやという人もいる。

古典だからすべての人が感動するというわけではありません。感動したという人でも、その一冊が始めから終わりまですべてよかったというわけではないでしょう。ここのくだりが心に迫ってきたとか、あの部分はちょっと冗長に感じたとか、読み手によって感じる部分は違うはずです。

古典だから感動を与えてくれるいい読み物だと思うのは、古典を過大評価しすぎていると思います。

ただ、古典は無数の人の心のフィルターを潜り抜けてきたものなので、何らかの力を持った本であるのは確かです。

まずは、古典の世界に足を踏み入れ、その力に触れてみる。どんな力なのかは読んでみないとわからないけれど、古典がどんな声でどのようなことを語りかけてくるのか、耳を澄ましてみることです。

理解できない本は著者にも問題がある

読んでいて、なかなか読み進められない本があります。単に面白くないだけなら、そこで読むのをやめてしまえばいいのですが、なかには読みにくい文章でありながらも、何か重要なことが書いてありそうだから頑張って読んでみよう、という本があります。私にもそのような経験があり、ある経済学者の本は毎回、途中までしか読むことができませんでした。

その著者の本は目次を眺めると、興味をそそられる見出しがズラリと並んでいます。でも実際に読み始めると、論理構造がどうもしっくりこない。著者の頭がよすぎるのか、飛躍がたくさんあってついていけない。言い回しもへんにくどい。独りよがりで読者への配慮がまったくない。学者の感覚で難しく語ることが高尚だと思っているのかもしれません。

結局突き詰めると、著者自身も自分のなかでうまく整理できていないのかもしれません。私はこの手の本に出会うと、著者本人もよくわかっていないんじゃないかと勝手に自己弁護して、残念ながら本を閉じることもあります。

文章自体に問題があって読めない、という本もあります。出版されるものである限り、ある一定以上のレベルが保たれていないとおかしいのですが、翻訳書にはけっこうそういうものがあります。翻訳者は外国語に通じてはいても、必ずしも文章表現のプロとは限りません。大学の先生などのなかには研究生などに下訳をさせて、自分は最後に大まかなところだけチェックするといった人もいます。

表現の技術を磨いていない翻訳者の手にかかった本は、日本語としてもおかしなものがたくさんあるので、翻訳書を選ぶときは注意が必要です。

哲学書のように難解で、思うように読めないという本もあります。

学生時代、仏教思想と西洋哲学の融合を試み、『善の研究』などで知られる哲学者の西田幾多郎（1870〜1945年）の本を読んだことがあります。

しかし、西田哲学の有名なキーワード「絶対矛盾自己同一」をはじめ、書いてあることがよく理解できない。日本を代表する独創的な哲学者という評価が頭にあるものだから、きっとすごいことが書いてあるに違いないと思って読むのですが、なかなか理解できない。一度読んでもわからないから繰り返し、繰り返し読む。それでもよくわからないものだから、最後は読むのをやめてしまいました。自分のことは棚に上げていいますが、読み手にわかりやすく伝える配慮が欠けていると思ったからです。

戦時中、西田幾多郎は東条英機（1884～1948年）が大東亜共栄圏の新政策を発表する演説に助力を要請され、『世界新秩序の原理』と題する論文を書いて提出しています。しかし、内容があまりにも難解なことも手伝って、東条英機の目に触れることはありませんでした。

西田は私の理念が理解されなかったと嘆いたそうです。この逸話からも西田には自分が書いたものが他人の目にどう映るか、客観的な視点や想像力がどこか欠けていたかもしれないと思ったりしました。

西田哲学に対する評価は非常に高いものがありますが、その難解さが権威になっているような気がします。つまり、難解さがかえって有り難がられている面もあるのではないでしょうか。

難解であるがゆえに深いものが書かれている。抽象度が高いものは高尚である。そんなふうに思い込んでいる人は少なくありません。

しかしながら、それは錯覚です。やさしいことを難しい言い回しにするのは簡単なことですが、反対に難しいことを平易に表現するのは難しいものです。

こと哲学者や思想家といった人たちは、簡単なことをわざわざ難しくいう傾向があります。簡単なことを難しく考えるのは、頭のなかでクリアに整理されていないものがあるゆえなのかもしれません。

関心があっても、縁のない本もある

私は学生時代、左翼運動をしていて、左翼思想の理論を熱心に読んでいました。なかでもマルクス（１８１８〜１８８３年）の『資本論』は、学生運動をしている者にとっては必読書でした。

当時、私は検察官か弁護士になろうと思って、司法試験の勉強もしていました。ある夏休みに避暑を兼ねて試験勉強をしようと長野へ行ったことがあります。そのとき勉強の骨休めにと思って『資本論』を持って行きました。

しかし、あの内容ですから、当然骨休めなんかにはなりません。そのうち試験勉強をほったらかしにして、『資本論』に時間を割いてしまったのです。

そろそろ名古屋に帰らなくてはいけないというときに、「俺は何のために来たんだろう？」と悔いたものの、時間は戻りません。

その後、英語で読んだほうが理解しやすいかもしれないと考え、『資本論』の英語版を買って読み始めたことがありました。しかし、時間をとられて他の本がまったく読めなくなってしまった。そんなこともあって結局、途中で読むのをやめてしまいました。『資本論』はとんでもなくボリュームがあり、しかも簡単に読める内容ではありませんから、全部を読んだという人は多くはないと思います。

当時の経済学者でも、ちゃんと読み通した人は少数派ではないでしょうか。『資本論』は読むに値する本だとは思いますが、読み通すには膨大な時間がかかってしまう。専門家でもない人がそこまでの時間をかけるより、別の本を読んだほうがいいと私は思います。

関心を抱いて読み始めたものの、思うように読み進められない本は、何かしらの理由があります。面白くなかったり、文章に問題があったり、必要以上に難しく書いてあったりします。そういうときは無理に読む必要はないと自分勝手に解釈しています。

入門書や解説書は必要か

最近書店に行くとよく目にするのが、オリジナルの本の入門書や解説書といった類です。

話題になって売れているようだから読んでみたい。しかし、オリジナルは分量があるので読むのに時間がかかりそうだし、また理解するにも内容がちょっと難しそうだ。忙しくて腰を落ち着けて本を読むことが難しくなっている昨今の読者のニーズに応えて、そんな類の本が解説書や入門書となって出版されるのでしょう。

数年前にベストセラーになったフランスの経済学者、トマ・ピケティ（1971年〜）が著した『21世紀の資本』も、解説書が複数の出版社から出ています。

各国における200年以上の膨大な資産や所得のデータを分析し、資本主義社会では必然的に格差が広がり、固定することを実証したこの本は、700頁を超す大著で内容も専門的です。そうすいすいと簡単に読めるものではない。それでいながら、資本主義が抱える大きな問題への処方箋を示したという点で大きな関心を持たれ、フランスをはじめ各国でベストセラーになっている。したがって入門書や解説書をつくるには、うってつけの本だったのでしょう。

実際、そのなかにはオリジナルよりも、よく売れた本もあったようです。便乗商法ともいえますが、『21世紀の資本』の内容を知らずにいるよりは、入門書でその一端でも理解するほうがまだいいのかもしれません。

哲学関係の書物でも、さまざまな哲学者が著した有名な本をガイドブック風に紹介した入門書がいろいろと出ています。しかしながら、こうした入門書や解説書を読むのは、旅行に行かずに絵ハガキやネットの画像で満足してしまうのに似ているかもしれません。オーロラを見るのにわざわざ北極圏に出かけなくても、インカの遺跡、マチュピチュを見るためにペルーに出かけなくても、写真でオーロラやマチュピチュを見れば十分、そんな人も少なくないのでしょう。

しかし、実際には、現地に行かないとわからないことがたくさんあります。五感を使って自然を感じたり、そこで暮らす人たちとコミュニケーションをとったりすることは、写真では体験できません。

入門書や解説書もそれと同じで、オリジナルを読まないとわからないこと、味わえないことがたくさんあるはずです。

なかには入門書や解説書のレベルですましてもいいようなものもあるでしょう。しかしながら解説書ばかり読んでいては、著者が本当に伝えたいことを自分のものにすることはできません。オリジナルの本を読むには時間も手間もかかりますが、エネルギーを使った分だけ、確実にそれらが血肉になります。

つまり、コストをかけた分、自分の思考や言葉にすることができるのです。

ベストセラーは読む価値があるのか

いわゆるベストセラーを、私はそれほど読みません。もちろん自分の関心があるテーマであれば、なぜ話題になっているのか、という興味から手に取ることはあります。しかし、ベストセラーになっているという理由だけで買うことは、まずありません。

ベストセラーはその時代の特徴をどこかに反映しているので、それによって時代の一端を知ることができます。しかし、時代の流れを知りたければ、別に他のものからでもいい。売れ筋のハイテク製品でも、人気のテーマパークや博覧会でも、歌でも映画でもファッションでも、いろいろなものが時代を映し出しています。

そういうものを見聞きしていれば、時代の流れというものをうかがい知ることが可能ですから、わざわざ時代を知るためだけにベストセラーを手にする必要はありません。

そういう私ですが、芥川賞を受賞した作品だけは毎回読むようにしています。

芥川賞をとることでベストセラーになる本もありますが、地味で目立たない作品にもとりあえず目を通します。芥川賞は小説の最高峰の賞ですから、時代のエッセンスのようなものが含まれているかもしれないし、現代人の深い心理を学べるかもしれない。そんな気持ちがどこかにあって読んでいるのです。

でも、面白いとか感動したといった作品は、そうそうありません。少し前にはお笑い芸人が書いた小説や、コンビニを題材にして芥川賞をとった小説がよく売れたようですが、正直、面白いとは感じませんでした。

このように芥川賞受賞作でも興趣《きょうしゅ》が湧いたり、心を打たれたりというものは、最近は滅多にありません。年齢のせいで、感動したり感激したりする心が多少鈍くなっているのかもしれません。最高の栄誉を授かった作品だからといって、本当に新しいもの、可能性を感じさせるものが、そうそうあるはずがないこともわかっています。

それでも読み続けるのは、自分のなかで一つの指標になっているのでしょう。

本を通して時代を知る、ちょっとしたヒントになるものとして、せめて芥川賞を受賞した小説だけは目を通していきたいと思っています。

週刊誌は読書に入るか

会社の経営者には読書家の人が少なくありません。組織のリーダーは、人間というものへの深い洞察と理解が求められる立場にあります。また、重責を担っているわけですから、仕事に関することを人一倍勉強しておく必要があります。ですから、本を読んで己を磨かなければいけない。そんな気持ちも強いと思います。

もっとも、なかには活字といえば、週刊誌とスポーツ新聞しか読まないような人もけっこういます。それでも優れた経営者は散見されます。しかし長い目で見れば、社員や会社にとっては歓迎できる姿ではないように思われます。

私がこれまで出会った経営に長《た》けたトップは、たいてい読書家でした。技術畑出身でも、経済や政治、歴史から小説に至るまで幅広く、かなりの量の本を読んでいました。私も学生の頃は、週刊誌を1週間に10冊くらい読んでいました。しかし、それを続けているうちに、「何で俺はこんなバカげたものを一生懸命読んでいるんだ？」と、ふと思ったのです。

どの週刊誌も、中身は似たりよったりです。有名芸能人のスキャンダル、政治家の不祥事、新しい財テクの紹介、等々。それらをとことん読んだので、週刊誌がつくられるパターンがすっかりわかってしまった。この程度なら自分でも取材をして記事が書けるぞと思って、それからはほとんど読まなくなりました。

いま私が雑誌で定期的に購読しているのは、経済誌の「週刊エコノミスト」と月刊誌の「文藝春秋」だけです。この2冊は隅から隅まで読むことにしています。

「文藝春秋」は政治、経済、文化、芸術、科学、スポーツ、娯楽と多岐にわたる分野の読みものが収録されています。そこには人々の関心を呼んでいる話題が取り上げられていて、世間の興味がどのようなものに向かっているのか、一般の人たちが考えている傾向はどうなっているのか、といったことが把握できます。

編集後記を含め、すべての記事に目を通すのは、興味ある記事だけ選んでいては、好きな分野の情報しか頭に入ってこないからです。ですから、ふつうならまず読まないタレントが書いた記事でも、最後まで読み通します。

この2冊は私にとって読書ではなく、政治、経済、社会、科学、文化にまつわる、さまざまな情報を仕入れるためのツールのようなものです。

海外の雑誌でも、「ブルームバーグ・ビジネスウィーク」だけは定期的に目を通しています。これには日本のメディアが伝えない情報が掲載されているので、関心のある記事だけ拾い読みしています。

外国人記者による対象のとらえ方は、往々にして日本人の常識や考え方を相対化させてくれます。それによって多角的にものを見たり、考えたりすることができるのです。

最近、ある週刊誌の取材を受けて、その週刊誌を久しぶりに読んでみたのですが、そのくだらない内容に驚きました。

ある老舗の週刊誌はスクープを連発して話題になっていますが、そのスクープ記事にしても芸能人や政治家の不倫騒動だったり、野球選手の賭博問題であったり、有名タレントの独立騒動だったりと、愚にもつかないものが圧倒的に多い。

どうしてそうなるかというと、大衆の関心は他人の不幸を見聞きすることにあり、心のなかは「ねたみ、ひがみ、やっかみ」に満ちているからではないでしょうか。

人間は、私が週刊誌を読みふけった50年前とまったくといっていいほど変わっていません。人間と同様、週刊誌も、50年先も形は変われど中身は同じで、売れ続けているのではないでしょうか。

週刊誌の役割は、大衆の下世話な覗き趣味に応えることです。人間のどろどろした部分、愚かさやくだらなさを知るために、たまに読むならいいかもしれません。

しかし、ねたみやひがみがそれに向かわせているわけですから、そんなものをずっと読み続けていたら、負の感情に偏った人間になるのではないか、と私は思っています。

人間は所詮、動物です。飢えそうになったら、略奪してでも食料を得ようとする、自己保身の本能を持っています。私はそれを「動物の血」と名づけています。

週刊誌は人のなかにある「動物の血」を騒がせるものです。心の栄養にも頭の栄養にもならない。いってみれば、栄養がなく、カロリーばかり増えるスナック菓子のようなものです。ですから、週刊誌をいくら熱心に読みこんでも、それを読書とはいえないでしょう。

その動物の血を抑えるのは、それと対極にある、「理性の血」しかないと私は思います。「理性の血」とは、ものごとを俯瞰《ふかん》してみる力、相手の立場を理解しようとする能力をさします。

もっとも、いまは週刊誌的なネタや情報がネットで広く読める時代です。週刊誌は形を変え、これからはネットがその機能を大きく担っていくことが予想されます。

ただ、ネットの情報は週刊誌よりも、もっと断片的な細切れのものばかり。週刊誌よりも「理性の血」を刺激する部分はさらに少ない。その意味で文字というものは、ますます「動物の血」を刺激するために供されていく流れにあるのかもしれません。

第3章 頭を使う読書の効用

「考える力」はこうして培う

最近の人は、論理的にものを考える力が弱くなっている気がします。

あの人の主張はだめだと思う場合、なぜだめなのかをきちんと考えて言葉にする。そういうことが論理的に考えるということです。

いまの時代は容易に答えを出すのが難しい問題が山積しています。

たとえば環境問題や深刻な格差を生むグローバリズムの問題といったものは、いろいろな角度から論理的に考えていかなくては、よりよい解決策は出てきません。風が吹けば桶《おけ》屋が儲かる式の単純な発想では、とても太刀《たち》打《う》ちできない。

考える力がある人は、その人なりの価値観を軸として持っています。軸ですから当然ブレてはいけません。

地球が自転する際、地軸の傾きは公転面に対して約23・4度傾いていますが、この傾きが数度ズレれば、いまのようには地球は回りません。それと同じで、きちんと論理的に考えるには、価値観の軸がしっかり定まっていなくてはいけないのです。

政治思想の立場として、リベラリズムがいいか、リバタリアニズムがいいか、コミュニタリアニズムがいいか、どれがいいとか悪いとかということはありません。

ただ、自分はなぜリバタリアンの立場なのかとか、コミュニタリアンなのか、というように論理的に考えられることが大事です。

いつも感覚的に、場当たり的な対応をしていては、よりよい答えは導かれません。

仕事でもうまくいかないことがあれば、その理由をきちんと考えていかなくては、本当の問題解決にはなりません。

いまの人が論理的に考える力が衰えているとすれば、読書量が減っただけではなく、マニュアル的な感覚が蔓延《まんえん》している影響もあると思います。

試験と同じで、仕事にも人生にも答えが用意されている。その答えをどれだけたくさん持っているかで、うまくいくか否かが決まってくる。そんなふうに思っている人が、けっこういるのではないでしょうか。

しかし、仕事の仕方でも人生においても、正解があるわけではありません。自分でいいと思うものをその都度、探して行動していくしかないのです。そのとき、そのときでよりよいものを導くには、とことん考え抜く力がなくてはいけません。

また、考える力の低下には、ネットの影響も多分にあるでしょう。ネットに溢れる情報やツイッターのようなSNSをしょっちゅう目にしていれば、情報を受け身で得る習慣ばかりがつき、それらの中身や質を問うようなことはしなくなると思います。

論理的に考える力をつけるには、読書はこの上なく効果的です。

思考力を養うには、何も哲学書のような堅い本を読む必要はありません。小説でも、なぜこの主人公はこういう行動を取ったのか？　作者はこうした物語を書くことで何を伝えたかったのか？　そんなことを考えさせてくれます。

経済書にしても、書き手が主張する論は正しいのか？　いまの時代に合っているのか？　いろいろなことを考えながら読むことができます。

本は「なぜ？」「どうして？」と考えながら読めば、それだけ考える力が磨かれるのです。

考える力は生きていく力に直結します。それは何よりも読書によって培われるのです。

「考えながら読む」ことを意識したきっかけ

論理的にものを考えることは、人がよりよく生きていく上で欠かせません。その力をもっとも鍛えてくれるのは、繰り返しになりますが、読書だと思います。

しかし、本を漫然と読んでも、論理的にものを考える力がつくわけではありません。たとえば、グローバル資本主義を論じた本を読むときに、著者がいうことをそのまま受け身で読むのと、ところどころ立ち止まり、考えながら読むのとでは、読書の意味合いがまったく違ってきます。

著者がここでいっていることはどういうことだろう？　それは果たして正しいのか？　現状の分析は鋭いが10年後の世界にも同じようなことがいえるのか？　この推察は新興国にいえることであって、成長率が鈍化している先進国には当てはまらないのではないか……。そんなことを考えながら読む人は、本から得る知識が相当に深いものになるでしょうし、論理的に考える力も得られるはずです。

私が「考えながら読む」ことをはっきり意識するようになったのは、アメリカ駐在時代に、日本経済新聞からシカゴの穀物取引所の市況やアメリカの農業事情について、定期的に記事を書くように頼まれたことがきっかけです。

原稿を書くときは、実地の調査によって得た情報、資料や本にあたって仕入れた知識を整理し、自分なりに考えたことを読み手にわかりやすく伝える工夫が必要です。

原稿の構成、文章のスタイル、流れとリズム、強調すべき点など、頭のなかにインプットされたものを文章化していく作業には、きわめて論理的な思考が求められます。

文章を通して多くの人に自分の意見や考え方を伝え、理解してもらうためには、考えながら本を読んだり、資料を分析したりすることが非常に重要だと、そのとき感じたのです。

アメリカには9年間駐在しましたが、その間、自ら車を運転して現地の農場を見て回ったり、穀物メジャーや気象関係者らと親交を深めるなど、独自のスタイルで生きた情報を仕入れることに注力したことは、すでに述べたとおりです。

そんな努力を下地にした穀物市況の分析予測は関係者の間で評価されたのか、私の意見を聞きにNBCテレビが取材にきたこともありました。また帰国後はアメリカでの実績に興味をもたれたのか、業界紙に「アメリカ農業小史」「アメリカ農業風土記」を連載したり、講演会の依頼が舞い込んだりするようになりました。

これらは「考えながら読む」ことを重ね、論理的にものを考える習慣がなければ、実現できなかったことだと思っています。

歴史書から人間の本質を学ぶ

私は歴史書が好きで、日本だけでなく外国の歴史書もよく読みます。私がとりわけ好んで読むのは、歴史家や作家が書いた「ヒズ・ストーリー」(His-Story)ではなく、ノンフィクションなど史実に即した「ストーリー」(Story)です。

私は徹底した現場主義者なので、著者の脚色が入ったものよりも、手あかがあまりついていないオリジナルの情報により強く惹かれるのだと思います。

史料性の高い本には、その行間を自分の想像力と思考を使って埋めていく楽しさがあります。

アメリカ駐在時代は、大豆穀物を扱う部署に属していたので、アメリカの農業をはじめ、歴史、政治、産業に関する本をできるだけ読むように心がけました。

そのなかでも群を抜いて面白かったのが、『アグリカルチャー・イン・ザ・ユナイッテド・ステイツ：ア・ドキュメンタリー・ヒストリー』という、アメリカの農業の歴史をまとめた全4巻、４０００頁ほどの大著です。

ヨーロッパから海を渡って新天地にやってきて、後に「世界の食糧庫」と呼ばれる土地を開拓していった人たちがどんな思いを抱え、塗炭の苦しみをなめたのか、興味津々で頁を繰ったのですが、これが期待以上のものでした。往時の生活の様子や、先住民と遭遇したり、野獣に襲われたりしながら開拓が進められていく模様が克明に描かれている。中西部へ農地開拓に向かった人たちが家族とやりとりした手紙も、そのまま収められている。開拓後、ヨーロッパで道路債や鉄道債を発行して資金調達を行い、鉄道を敷いたり、道路がつくられていく様も記されている。

行間から、アメリカという国の土台をつくった人たちの息遣いがリアルに感じられ、第一級のエンターテインメントに匹敵する迫力と面白さでした。

30代で中間管理職になった頃に読んだ経済評論家・高橋亀吉（１８９１〜１９７７年）の『大正昭和財界変動史』『日本近代経済形成史』『日本近代経済発達史』（いずれ

も全3巻)、『昭和金融恐慌史』など、日本経済史に関する著作も非常に勉強になりました。

高橋亀吉は、石橋湛山《いしばしたんざん》（1884〜1973年）が主幹を務めた東洋経済新報社で編集長だった民間エコノミストの草分けです。彼の著作を睡眠時間を削りながらも読破したことで、日本経済が明治、大正、昭和時代にどのように発展してきたかが手に取るようにわかりました。

高橋亀吉は、史実にできるだけ忠実にデータや事象を拾い上げています。その生々しい筆致が、読み手の想像力をさらに刺激するのです。

かなり古い時代を扱った日本の歴史書を読むと、いまの日本人と祖先とは人間としてかなり違う点があることがわかり、とても興味深く感じます。

人間の在り方というものは、そのときどきの社会状況や文化、慣習によって変わってくる。現代の日本人がもしタイムマシンに乗って江戸時代の日本人、室町時代の日本人、飛鳥時代の日本人に会うことができたなら、「これが自分と同じ日本人なのか？」と、きっと思うはずです。

最近は日本の中世に強い関心を持っていて、『中世民衆の生活文化』（横井清）など、その関連の本をよく読みます。すると、飢餓状態に陥った親が、自分が生き延びるために幼い我が子を川に流して殺すという記述に遭遇したりもします。

親が生き残れば、再び子どもをつくれるというふうに考えてのことかもしれませんが、そういうことをせざるを得ない経済状況であったのでしょう。

親が犠牲になって子どもを生かすという話であれば、いまの人は感動するでしょうが、そんなきれいごとでは、当時は生きていけなかったはずです。

子どもを宝物のように大事に扱う現代人からすれば、到底理解が及ばない感覚です。人権や命の尊厳といったものは近代以降に生まれた一つの概念であり、思想にすぎないことを思い知らされます。

しかし、本来、こういう残酷なこともやってしまうのが人間だということを、私たちは歴史や戦争の本を繙《ひもと》くことで学べるのです。

歴史書に書かれている人間の在り方は、往々にして現代人の感覚や常識をはるかに超えています。そこから人間がいかなる生き物であるか、それに対する深い理解や洞察がもたらされるのです。

小説で「考える力」を養う

小説というと、作者の頭のなかでつくったフィクションであって、現実とはあまり関係がないと思っている人もいます。

しかし、小説は私小説でなくても、作家の実体験をかなり踏まえて書かれていたりするものです。

以前、作家の渡辺淳一さん（1933〜2014年）から、半ば冗談、半ば小説の材料のつもりなのでしょう、「丹羽さん、いろんな女の子とお付き合いしたいですか？」と聞かれたことがあります。

私は、「したくないという男性は、なかなかいないんじゃないですか」と答えると、「本気ですか？」と真面目な表情で尋ねられました。「本気ってどういうことですか？」と返すと、「結構お金がかかりますよ」と具体的な金額をおっしゃる。冗談っぽく「会社のお金でならできるかもしれませんが、私にはそんなことはできません」と答えると、「それじゃ、やめたほうがいい」と笑っておられました。

そのとき渡辺淳一さんは、「書いている小説は、すべて僕自身の体験がベースになっている。すべてがフィクションではなく、女性と遊び歩いた体験を中心に、小説という名前を借りて表現しているんだ」と話されていました。

ですから、映画化されベストセラーとなった『失楽園』に登場する不倫カップルの、別れるに別れられなくて心中する話なんかは、おそらく渡辺さん自身が実際に体験されたことを元に書かれたんだと思います。

小説には、たとえ絵空事のような内容であっても、このように作者の体験がどこかに投影されている。体験というものには、その人が生きている時代や社会の状況がにじみ出ます。それを嗅《か》ぎ取って味わったり、想像したりするのも、小説を読む楽しみではないでしょうか。

ドストエフスキーやトルストイにしても、その作品には彼らが生きた時代のことが色濃く描かれていいます。そこから当時のロシアの人々の生活がいかに貧しかったかとか、人々がどんな思いを抱えて生きていたかとか、社会がどういう状況にあったかということが推測できるわけです。

小説を現実とはあまり関係ないフィクションとして片付けず、そこから人間がどういうことを考えたり、行動したりする生き物なのか、歴史はどうやってつくられるのか、といったことを学ぶ。このような「考える読書」をすることで、得られるものは大きく変わってくるはずです。

同じ小説でも、司馬遼太郎（1923～1996年）のように歴史に材を得た歴史小説というジャンルもあります。司馬遼太郎は勝海舟（1823～1899年）や西郷隆盛（1828～1877年）などの人物を取り上げるとき、関連する膨大な史料や本を時間をかけて集めたといいます。それを徹底して読み込んでいくなかで、自分が考える人間像をつくりあげていくわけです。

そこには当然、作者の恣意的な願望や理想、イメージが入りますから、歴史小説は史実とフィクションがないまぜになったものといえます。

読者は作家が歴史上の人物をどのように造形したのか、その発想や工夫を楽しみます。そこには、こんなふうに描いているけど本当にそうなのかな？　とか、こういう感じでストーリーをつくったほうがよかったんじゃないか？　といった思いも混じります。

そうやって作家が提供してくれた人物像やストーリーをきっかけに、その人物や時代のことをより詳しく知りたくて、関連する本を読んでみようと思ったりする。これもまた歴史小説を読む楽しさであり、「考える読書」になりうるのです。

読書の一つの効用は「考える力」を培うことですが、それを可能にするのは、政治や経済、思想など社会科学系の本だけではありません。

小説というフィクション・創作の世界においても、「考える読書」はいくらでもできるのです。

理論書だけでシングルプレイヤー

「習うより慣れろ」という言葉があります。人や本から教わるよりも、練習や経験を重ねて、体で覚えるほうがしっかり身につくという意味です。

職人の世界では、新入りは先輩の動きを見て学べという伝統があります。先輩は新入りに対して手取り足取り、丁寧に説明しながら教えたりはしません。しかし、そういう教え方が果たして効率的かというと、それは違うと思います。やはり、多少はきちんと口で説明しながら教えることも、上達を早くするポイントになるはずです。

一人前になるのに飯炊き3年握り8年といわれる寿司職人ですが、最近はたった2〜3カ月で寿司が握れるようになる寿司職人養成の学校があります。海外の和食ブームも手伝って海外へ行って寿司を握ろうという若者も多いらしく、その手の学校は盛況だそうです。

たしかにある程度の技術を覚えるだけなら、2〜3カ月で事足りるのでしょう。もちろん、高級な寿司屋で修業をして身につける細かい技や接客の心得、忍耐力といったものは数カ月のカリキュラムでは学べないでしょうが、客の前に立ってふつうの握りはできる。ミシュランで星をとったある有名寿司屋では、店に入って3年目でようやく玉子焼きを作ることを許されるといいますから、その差は一体何だろうと思わないでもありません。

つまり、「習う」より「慣れろ」では、「慣れる」に重点がいきすぎて「習う」機会が少なくなってしまう。やはり「習う」ことにもちゃんと目配りをしたほうが、習得のスピードは上がるのではないかと思います。

私自身、「習う」ことが上達への近道であることを身をもって知っています。かつて読書でゴルフのシングルプレイヤーになった経験があるからです。嘘じゃないか？と思われる方もいるかもしれませんが、本当です。ゴルフは理論で学ぶところの多いスポーツだからです。

若い頃はゴルフなど親父の道楽程度のくだらないものと思っていましたが、アメリカ駐在時代に初めてクラブを握ると、その魅力にはまってしまいました。

ところが、一生懸命練習をしても、なかなかうまくなりません。レッスンプロに教わっても、コツがつかめない。帰国してからは、中間管理職の忙しい盛りですから、ゴルフ場へ行く時間もほとんどとれません。そこで考えたのが、本を読んでゴルフの技術を磨こうということでした。

ゴルフは最終的には体で覚えるものですが、注意すべきポイントをきちんと頭に入れなければ、なかなか上達しません。そこで練習を通して体に覚えさせるのではなく、まずは理論を頭に叩《たた》き込もうと考えたわけです。

この発想の切り替えはピタリとはまりました。10冊ほど読んだあたりから、はっきりと成果が現れ始めたのです。グリップの握り方、腕の振り、腰のひねり、両足や両肩のライン、ボールを叩くタイミングなど、理論と照らし合わせながら打ち方を試すうちに、コツもわかってきました。

尾崎将司や青木功などトッププロが書いたものもあれこれ読みましたが、あまり役に立ちませんでした。アマチュアとプロとでは、身体がまるで違います。

プロ並みに鍛えるならともかく、身体の使い方のレベルが高すぎて、プロの上達法はアマチュアには真似《まね》できないのです。

シングルプレイヤーになるまでの間、練習もけっこうやったんでしょう？　と聞かれました。しかし、練習はたいしてしていません。日課だった朝の散歩のときに5番アイアンを持って歩き、公園で軽くスイングをする程度でした。

たまの週末にゴルフ場へ行ったときには、スコアを気にせず、今日はアプローチであの理論を実践してみよう、などとテーマを決めて練習していました。実際その通りにいくかを試すのです。

時間をかけて、そんなことを繰り返していくうちに、自分でも驚くほど上達し、スコアもどんどんよくなっていきました。そしてゴルフを始めて18年めにシングルプレイヤーになりました。

会社の先輩で、ゴルフ場で自分が打つ順番が回ってくると、必ず「ちょっと待て」といってメモを取り出す人がいました。メモには打つときに注意すべきポイントがいくつも書かれていて、それをチェックするのです。

そんなことをすれば時間がかかって後の人を待たすことになりますが、本人はそんなこと一向にお構いなし。そのズレた感覚には呆れてしまいましたが、理論を頭に入れた上で技術を習得していないから、そんな不恰好なことをするわけです。

いまはもう歳ですし、クラブを握る機会もめっきり少なくなりました。でも、練習場に行かず、理論書を読むだけでシングルになった経験は、私にとって大きな財産です。

多くのゴルフプレイヤーは、ゴルフは理論も大事だけど、練習をしっかりしないとうまくならないと思い込んでいます。そんな人たちに向けて、いつか『練習しないでシングルプレイヤーになる方法』という本を書けたらと考えています。

欲望をどこまでコントロールできるか

栄養を摂らなければ生きていけないように、心にもまた栄養が必要です。その栄養となるのが読書です。

心に栄養が足りないと、人のなかにある「動物の血」が騒ぎ出します。ねたみ、やっかみ、憎しみ、怒り、利己心、自暴自棄、暴力的な衝動など、まるでジャングルの獣のごとく次々と表出する動物の血は、負の感情を生み出します。

新聞の三面記事や週刊誌の記事は、たいていこの動物の血が引き起こした事件やスキャンダルで埋められています。

３００万年前に猿から進化した猿人が登場し、70万年前に原人が現れ、いまの現生人類になったのが10万年前です。その間、動物の血は連綿と受け継がれてきました。

その動物の血を抑制し、コントロールする「理性の血」は、人類文明が発祥した4000～5000年前に誕生したばかりです。

そんな時間の尺度でみれば、理性の血よりも動物の血のほうが人間にとっては圧倒的に濃く、強いに決まっています。だからこそ、人は理性の血で自分をコントロールしなければならない。そうしないと、たちどころに動物の血が騒ぎ出します。

ストレスがたまってイライラしたり、たいしたことでもないのにウサ晴らしで部下を激しく怒鳴ったり、自分より出世が早いライバルが憎くて悪い噂《うわさ》を社内に流したりすることは、みな動物の血がなせるわざです。

極限状況に追い詰められた人間は、動物の血が強くなります。ジャングルで死線をさ迷った兵士が仲間の死体を食べたという話は事実です。倫理的な問題をはらみますが、戦争はまさに「動物の血」を激しく煽《あお》るものです。

戦争が引き起こした数え切れないほどの悲劇を見れば、人の心がいかに弱いものであるか、そしてその鍛錬がいかに難しいものであるかがわかります。だからこそ、そのことを十分に自覚しながら、心を磨かなくてはいけないと思います。

現生人類のホモ・サピエンスは、ラテン語で「賢い人」という意味です。賢い理性をもった振る舞いをするには、動物の血を抑えなくてはいけません。インドの宗教家で政治指導者のマハトマ・ガンジー（1869〜1948年）の『ガンジー自伝』にも、「人間を人間たらしめる条件は、自分の意思を抑制することである」と書かれています。

ガンジーは人間が成長するための3つの条件として、①身体の鍛錬、②知識の鍛錬、③精神の鍛錬、を挙げています。有名な非暴力・不服従運動は、ガンジーが鍛え上げた強靭な精神の持ち主であったからこそ可能だったことをあらためて思い知らされます。

「賢者は歴史に学び、愚者は経験に学ぶ」といいますが、私は怪しいと思っています。歴史が繰り返されている様を見ると、歴史から学ぶことは賢者であっても難しいのではないでしょうか。私は「賢者は自らを律し、愚者は恣《ほしいまま》にする」といい換えたい。

つまり、本当の賢者とは、自分の欲望をコントロールできる自制心を持っている人のことだと思います。

動物の血をコントロールする理性の血を濃くするには、心を鍛えるしかありません。

そのためには読書を通して心に栄養をできるだけ与えたり、仕事をしたり、いろいろな人と交わったりするなかで多くのことを真摯に学ぼうとすることが不可欠だと思います。

読書は無償のものである

この本を読んでいると恰好よく見える、これを読めばお金儲けができる——読書は本来、このような効用を目的としてするものではないと思います。

仕事のために必要に迫られて読むようなこともありますが、基本的にはこれを読めばこういうメリットがあるなどと計算して読むものではありません。

読書は心を潤したり、精神的な満足を求めてする無償の行為だと思います。何かリターンを求めて功利的に本を読むのは、読書の価値を下げるし、著者に対しても失礼だと思います。

純粋に好奇心から手にとったり、面白そうだから読む。その結果、想像力が豊かになったり、感性が磨かれたりする。効用は先に求めるものではなく、あくまでも結果としてついてくるものです。

昨今は結果がすべてといった結果至上主義が幅を利かせていますが、もちろん経過も大事です。そもそも経過を大切にしなければ、本当にいい結果は出せません。

視覚障害がありながら国際的なコンクールで優勝するなど、世界的に活躍しているピアニストの辻井伸行さん（１９８８年～）にお会いしたことがあります。

コンサートの直後だったので、「あれだけ熱演されたから疲れたでしょう」といったところ、「いいえ、全然疲れてません。だって楽しいんですから」という答えがかえってきました。

練習であれ本番であれ、辻井さんにとってはピアノを弾くこと自体がとにかく楽しいのです。

「音楽を聴いているうちに自然とピアノを弾き始めた」という辻井さんは、練習を辛いと感じたことはこれまでまったくなかったそうです。あくまで楽しいからやっているのであって、努力しているという感覚はないのだと話していました。

メジャーリーガーのイチロー選手（１９７３年～）は、次々とプロ野球史上に残る大記録を打ち立てていますが、彼は記録だけを目標にして、日ごろの練習に励んでいるわけではありません。野球を通してアスリートの可能性をどこまで追求できるか、その一点に集中しているのだと思います。

そうやって毎日コツコツと練習に励み、プレイを重ねた結果、偉大な記録が達成されたのでしょう。もし、イチロー選手が記録や大きな報酬だけを目的として野球をしていたなら、あれほどの偉大な選手にはきっとなっていなかったでしょう。

それと同じで、読書も何かしらの効用だけを目的にしていては、そこから本当にいいものを吸収することはできないと思います。

楽しいから読む。わくわくするから読む。心が潤うから読む。そういう気持ちで読むから本はいいのです。読書は無償の行為ゆえに無上の値打ちを持っているのです。

第4章 本を読まない日はない

本を読まないと寝られない

一日仮に30分、本を読むとします。それを毎日の習慣にして10年もすれば1800時間ですから、かなりたくさんの本が読めるはずです。30年続ければ5400時間。一日たった30分でも、まったく読まない人と比べれば、知っていることにものすごく差が出るし、人間としての幅や人生の豊かさという点においても、かなり違うはずです。

読書は著者との対話ですから、それを習慣化している人は、じつにさまざまな人と日々出会っていることになります。それが何十年と続けば、膨大な人数になる。そのなかには深いやりとりも無数にあるでしょう。

どんなに忙しい人でも、その気になれば一日30分ほどの時間はつくれるはずです。移動の電車のなかでも本は読めるし、家でテレビをつけてぼーっと見ている時間やスマホをいじる時間を少し削れば、30分程度の時間は生み出せます。

私は40年以上、夜、寝床に就く前に、毎日欠かさず30分以上の読書を続けてきました。面白い本だと翌日の朝が早くても、つい夜更かしをしてしまうこともしばしばです。

また、どんなに酒を飲んで遅く帰ってきても、本は読みます。「酔っ払ってよく本なんか読めますね？」という人もいますが、習慣ですから、酔っていようが本を読まないと寝られないのです。気がつけばいつの間にか寝ていたということもありますが、その習慣が途絶えたことは一日たりともありません。

家を持つときは、読書の時間をできるだけ捻出しようとして、わざわざ電車の終着駅がある郊外を選びました。不動産屋に変人だと思われましたが、始発駅から座って会社に通えば、けっこうな時間、読書ができます。

以前は週に3冊くらいの割合で、年間150冊ほど読んでいました。いまはペースが落ちましたが、生きている限り、できるだけ多くの本を読みたいと思います。

残された時間を考えれば、そんなにも読めないでしょうから、いまは本当に読みたい本だけを選んでいます。

子どものときから本を読む習慣がなくて、大人になったいまもほとんど読むことがない。そんな人でもこれから読書の習慣をつけようと思えば、できないことはないと思います。一日15分でもいいから自分に課して読み始め、続けていくといいでしょう。

読みたい本がわからないという人も、なかにはいるかもしれません。しかし、どんな人でも好奇心を持っています。大人になるにつれ、好奇心を失っていく人もいますが、そんな人でもどこかに自分を向上させたいという思いはあるでしょう。好奇心がある限り、本屋に行けば、必ず読みたい本は見つかるはずです。そしていったん本を読み始めれば、好奇心はどんどん旺盛になっていきます。

以前、社員研修の際に課題図書を読ませて感想文を提出させる会社があると聞いたことがありますが、そんなことをしても意味がないと思います。本は人から強制されて読むものではありません。関心のあるものを自ら選んで読まなくては、中身が頭に入ってこないでしょうし、本を読む楽しさもわからないはずです。

本は食べ物と一緒です。食べ物は美味しいといくらでも食べたくなりますが、嫌なものを出されたら食欲が湧かない。ですから自分で面白そうなものを見つけて読む。それが基本だと思います。

頭に残るノート活用術

取材でたまに、「座右の書はありますか？」ということを聞かれます。しかし、私には座右の書はありません。そう答えると、あれだけ本好きを公言されているんだから、それに近いもの、たとえばとっておきの一冊みたいなものはあるでしょう、と畳み掛けられたりもするのですが、本当にないのです。

面白い本はいくらでもあるので、もう一度読み返すことはあっても、5回も6回も繰り返し読むなどということはありません。

面白いと感じたり、心を打たれる本でも、そのときどきで変わってきます。年齢や立場が変われば、それは当然でしょう。ですから、「座右の書」のように一生を通じて影響を受け続ける本というのは私にはないのです。

また私の場合、本を読んでいて心に引っかかってくる箇所、すなわち印象的な言葉や興味深いデータについては、線を引いたり、付箋を貼ったり、余白にメモをとったりします。そして読み終えた後に、もう一度傍線を引いた箇所やメモを読み返す。そのなかから「これは重要だ」「覚えておかなくては」と思ったものをノートに書き写します。

私は中学生の頃、しばらくの間、新聞記事のなかから興味のある政治や経済の見出し

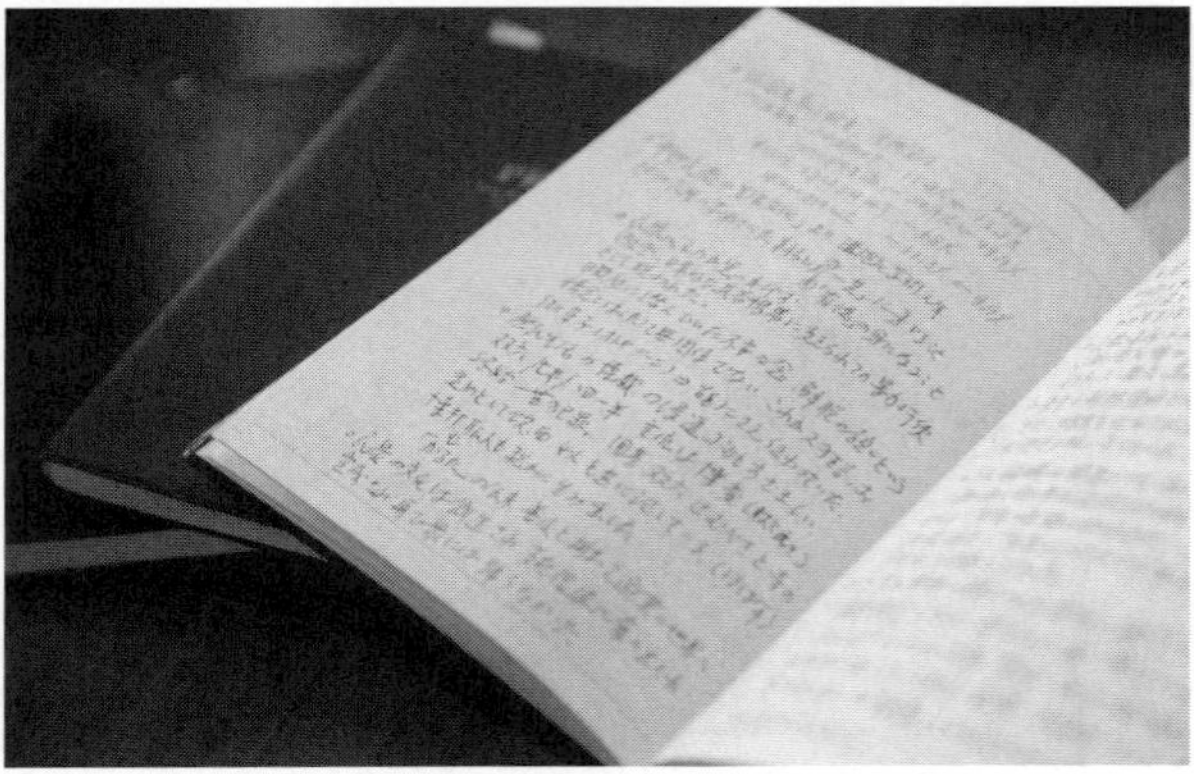

重要だと思った箇所を書き写したノートの中身は、人に見せたことがない。

を毎日書き写していました。それを後から読み返すと、頭のなかにイメージがつくられ、政治や経済についての好奇心と想像力が広がったように記憶しています。覚えておきたいことはノートに書く。この習慣が体に染み込んでいて、社会人になってから甦《よみがえ》ったような感じがします。

　重要と思う箇所に線を引く人は少なくありませんが、線を引くだけに終わっていないでしょうか。線を引いた箇所をまた読み返すならまだいいですが、ただ引いて終わりでは自己満足にすぎません。

　あの本にたしかこんないいことが書いてあったなあと思って、いざ本を引っ張り出してみても、その箇所が見つかることはまれでしょう。

そもそも、どの本に書いてあったかを忘れてしまうこともあります。

私の場合は、そうならないように線を引いた箇所の多くは、後で必ずノートに書き写すわけです。人間は忘れる生き物だからこそ、こうしたことが必要なのです。

ワイフに「こんな細かい字でよく書き写しますね」と感心されたことがありましたが、ともかく小さな字でページ一面を覆うくらいびっしりと書き込む。ノートに書き写す作業は、けっこうな手間がかかるので、週末の休みを利用したりしています。

読書では目だけでなく、手も使う。これはとても大事なことです。

目で字を追って頭に入れようとするだけではなかなか覚えられませんが、手を使って時間をかけてノートに写すと、頭にけっこう残るのです。そうやって写したら、その本は置く場所がなければ捨てても構いません。

実際、脳科学では体を動かしたり、五感を使ったりしながら覚えると、記憶の定着率が大幅に上がることが証明されているそうです。

これまで書きためたノートを繰れば、30代のあのときはこんなことに熱くなっていたのか、40代の頃はこんなことがよく理解できていなかったのか、と自身を振り返るきっかけとなる、自分史の趣もあります。

もちろん、ノートは実用としても活躍しています。

誰かとしゃべっていて、ふと「あれは何だったかな？」と思ったり、本を読んでいて「そういえばあの著者は、これと正反対のことをいっていたな」と思い出したりして、ノートを見返すこともある。依頼された講演会で話す内容を構想しているときに、「あの言葉は誰のだったかな？」と思ってノートをめくることもある。

ですから、私にとってはさまざまな本からノートに書き写したものが、いうなれば唯一無二の、座右の書のような役割を果たしているのかもしれません。

関心があれば、俗っぽい本でも徹底して読む

たまにしか本を読まない人が読書の習慣を身につけようとするとき、気をつけないといけないのは、背伸びをしないことです。

最初は自分の知識や教養のレベルに見合ったもののなかから、好奇心をくすぐるものを選ぶことです。いきなりレベルの高いことをやっても、挫折するのがオチです。

これはスポーツなんかを例に考えると、よくわかると思います。野球を始めたばかりの少年がピッチャーのポジションをめざして、いきなり変化球を覚えようとするのは、順番が明らかに違います。最初は相手が構えるミットに収まるよう真っ直ぐのボールをきちんと投げる練習を徹底的にしなくてはいけません。

まずは直球でコントロールをマスターすることが基本です。それもできないうちから変化球を覚えようとすれば、フォームにへんな癖がついたり、ひじや肩を痛めたり、おかしなことになりかねません。

そのときどきのレベルに合った練習を重ねて一歩一歩、階段を上っていくようにしなくては進歩はないのです。

読書もそれと同じです。たとえば、昨日まで漫画と週刊誌くらいしか読んでいなかった人が、今日からちゃんとした本を読むぞといって、いきなりヘーゲルやマルクスを読み出しても、頭が混乱するだけです。読んでも何が書いてあるのか理解できず、10分もしないうちに挫折するでしょう。

軽いエッセイ、あるいはミステリーや官能小説にしか興味が湧かないというなら、他

いずれ興味は別のものに向かいます。

私は中学生の頃から成人向けの本を読んでいたことはすでに書いたとおりです。成人向けといえば聞こえがいいが、要は「夫婦生活」などの大人向け雑誌や古代ローマの詩人オウィディウスによる性愛指南書『アルス・アマトリア』など実家の書棚に並んでいる大人向けの本を、親の目を盗んでせっせと読んでいました。

大人の男女の触れ合いとはどういうものなのか、女性の体はどうなっているのか、実体験がないから興味津々だったのです。これらの本はたまに発禁の指定を受け、警察官が回収にきていました。ですから、回収されてしまわないうちに早く読まなくては、という気持ちで読むこともありました。早い時期からじつにたくさん読んだために、大学生の頃には食傷してしまい、ある時期からその類の本はまったく読まなくなったことは、すでに述べたとおりです。

小説は中高時代に『日本文学全集』や『世界文学全集』をほとんど読破するなど、古典から現代まで貪るように読みました。大学生になってからはトルストイの『アンナ・

カレーニナ』や『戦争と平和』といった作品に感銘を受けるなど、日本、海外を問わず、気になるものを片っ端から乱読しました。そうやってかなりの小説を読んだせいか、社会人になった頃には、いまから思うと小生意気ですが、小説はもう卒業してもいいと感じていました。

これから読書の習慣をつけようという人は、ひどく俗っぽいものでも、他愛なく思えるものでも、自分の関心が向かうなら、それをまず徹底して読めばいいと思います。そうすれば、やがて飽きて違うものに興味を持つときがくるでしょう。

私がいま読む本は歴史、経済、政治関係のものがほとんどです。これらのジャンルはいくら読んでも飽きない。これは私という人間に一番向いているからなのだと思います。どんなものでも数多く読めば、必ずいろいろな好奇心の種が心に播《ま》かれます。すると、その種が発芽し、いままで馴染みのなかった類の本に食指が動く。それとともに読書の幅が広がり、読む本のレベルも上がっていきます。読解力がつき、読むスピードも速くなるでしょう。手にした本の質を見抜く眼力も鋭くなります。まさに螺旋《らせん》を描くように読書力がついていく。それもまた読書の醍醐味です。

締切を設定すると集中できる

私は時間がないときにどうしても目を通しておかないといけない本は飛ばし読みをしますが、ふだんは滅多にそうしません。かといって、なんでもかんでも丁寧に読んでいるわけでもありません。丁寧に読んだからといって、頭に入るわけではないからです。読書に本当に集中できているときは、けっこうなスピードで読んでいたりするものです。

つまり、読書をするときに大切なことは、丁寧に読むというより、いかに集中するかです。そのためには集中力を保てるような本を選んで読めばいいのですが、毎回そういうわけにはいきません。面白そうだと手にとってみたものの、いざ読み始めると、どうも興が乗らない。そこを無理して読み進めても、あまり頭には入ってきません。

そういうときはいったん本をおいて、別の本を読み始めたりします。

もっとも関心のある内容であっても、1～2時間も連続して読んでいると疲れるし、集中力は途切れがちになります。人の集中力には限界があるということです。

つまらない本を無理に読む必要は毛頭ありませんが、面白いな、楽しいなと感じる読書は集中力を培ってくれます。読書というのは、テレビや映画を見るのと違って、かなり能動的な作業なのです。

とはいえ、集中して読める本が必ずしも面白い本とは限りません。講演会を前にして、話の材料になりそうな本は読んでおかないといけないなというときがあります。そういう本はけっして面白いわけではありません。でも、そんなときは時間が限られているので、かなりの集中力をもって一気に読めます。

これは締切の効用です。作家は編集者からいついつまでに原稿を書いてくださいという締切を設定されるから、それまでに何とか書こうと頑張ります。作家によっては締切間際までなかなかエンジンがかからず、締切が目の前に迫ってから慌てて書き始めるタイプの人もいます。いずれにせよ、締切を意識することで集中力が生まれる。

ですから、集中力をもって読書をするには、自分で締切を設定するといいと思います。この経済書は2時間で読むぞとか、この長編シリーズの歴史物は今月中に読んでしまおうなどと締切を設ける。そうすることによってダラダラ読むようなことが少なくなると思います。

人はそれぞれ集中できる限界が違いますから、自分の集中力がどのくらいの時間持続できるかを把握しておくといいでしょう。その上で締切を上手に使うと、生産的な読書ができると思います。

本にお金は惜しまない

本は、基本的に身銭を切って読むものだと思います。数多くの本のなかから選んでお金を使ったという意識もまた、借りるのに比べて、本に対する意気込みを変えるのだと思います。

自分で買った本は、線を引いて汚そうと、折ろうと、繰り返し読んで手あかがつこうと、自由です。気分的になんの制約もない。

借りて読むと線は引けないし、きれいに読まなくてはと余計な神経を使ったりします。

ところで私は、仕事でいただくお金はすべてワイフに渡してしまって、銀行にどれだけ預金があるのかも知りません。最近ワイフに「借金はしてないな?」と確認したのですが、「銀行にいくらあるの?」とは聞かなかった。「俺の葬式の費用くらいは伊藤忠の株で持っておきなさいよ」といっておきましたが。

私は社長時代、３９５０億円という不良債権を一括処理したとき、自分の給与を全額返上することにしました。大きな赤字を計上して無配になったことで、社員や株主に対してけじめをつけたのです。トップの覚悟を示すことで、社内の意識改革をうながす意味合いもありました。

給与を返上しても生活は何とかなるだろうと考えていたのですが、ワイフからは「あなた税金どうするの？　貯金から払えといわれても……」と怒られました。

一事が万事、お金に対してはこんなふうにあまり執着がない。ふだんの生活のなかでお金を使うことがあまりないので、小遣いもたいしてない。ただし、本だけは例外的にお金を使います。結婚するまでは、給与のすべては本代と飲み代で消えていたほどです。

ですから、読みたい本は、どんなに高いものでも躊躇なく買ってしまいます。どうしても読みたい本が古本屋にしかなく、それが仮に20万くらいしていても買う。興味のある本を読むためなら、いくらお金を使っても惜しくはない。これだけは自分に許された最高の贅沢だと思っているのです。

アメリカ駐在時代、新聞社から農業史について原稿を頼まれたときは、本屋へ行って、アメリカと名のついた本をすべて買いました。いくらかかるかなんてことは二の次です。当時ワイフには「夜飲んだり遊んだりするよりはいいだろう」などといっていましたが、いまも身勝手な我儘《わがまま》を通しています。

本にお金を使うことは自分を成長させるための投資であり、後からいろいろな形となって必ず生きてきます。

私のところには知り合いの著者の方や付き合いのある出版社から、いつもたくさんの新刊が送られてきます。

せっかくいただいたものなのですが、私には限られた時間しか残っていません。とりあえず、最初に目次を見て、何だろう？　と思うところを開いて目を通すことはありますが、精読することは滅多にない。やはり自分で関心を持ったものでないと、一冊読み終えるのは難しい。

その意味で、あまたあるなかから探し出し、自分の財布からお金を出して買った本は、それだけで自分にとっては何らかの値打ちがあるということです。

つまり、2000円の値段がついている本なら、2000円で仕方なく買わされたのではなく、自分から2000円という値段をつけて買ったと思うべきなのです。自分でそれだけの評価をして買ったんだと思えば、熱心に読みたくなるのではないでしょうか。借りるのとは違って、身銭を切って本を手にすることには、そういう重みがあるのだと思います。

基本的に積ん読はしない

本が好きな人は、よく積ん読をします。「この本は面白そうだ。この類書もなんか惹かれるな。いずれ休日に読もう」。そのたびに本を買うものの、忙しくて読まないままにして放っておく。そうやって読んでいないものがたくさんあるのに本屋にブラリと出かけて、そこでまた面白そうな本を買ってしまう。そんなことをしょっちゅう繰り返しているうちに、積ん読本の大きな山をつくってしまう人も少なくないようです。

こういう人は、たまに積ん読の山を見て、時間に余裕ができたら片端から集中して読んでしまおう、と思っているはずです。

しかしながら、そんな余裕がそうそうできるわけもなく、結局、永遠に読まれない本がテーブルの上や本棚に溢れてしまう。このように積ん読は最終的に読まない確率がかなり高いので、やめたほうがいいと思います。

私は読んだ本や途中でもういいやと思ったものは、別に整理もせずに、片端から本棚に入れていきます。そしてまだ読んでいない本は、子どもが昔使っていた2つのベッドの上に乱雑に置いておき、必ず読むようにします。

「たくさん本をお持ちなんでしょう。本棚にどういうふうに並べているんですか？」と聞かれることがありますが、私はそうやって読んだ本と読んでいない本を単純に2つに分けているだけです。だから、本棚を見れば、「最近はけっこう本を読んでいるな」といった感じで、どのくらいの本に目を通し、読んでいるかがわかります。

たまに失敗もあって、同じ本を間違って買ってしまうことがあります。読んでいるうちに「あれ、この本、前も読んだな」と気づくのです。

タイトルを覚えていなかったために、また買ってしまったり、出版社がタイトルや装丁を変えて同じ本をリニューアルして出しているのに気づかなかったり。そういう本だ

け は文字通り、私にとっての積ん読になってしまいます。

多読と精読、どちらがいいか

読書家のなかには、自分はこれまでに数千冊読んだだの、数万冊読んだだのと誇らしげに冊数を示す人がたまにいます。

しかし、その膨大な数の本は果たしてどういう内容のものだったのでしょうか。あるいは、速読や飛ばし読みをかなりした上での数万冊なのか。本の内容や読み方によって意味合いは変わってきます。

そう考えると、数千冊、数万冊読んだと自慢する人を単純にすごいと思わないほうがいいし、また冊数にこだわって読書をする必要はないと思います。

もちろん少ない数の本を読むより、たくさんの本を読んだほうがいいとは思いますが、どういう本をどんなふうに読んだかも大事です。

すなわち、できるだけいろいろな本をたくさん読むことも、内容のある本をじっくり読み通すことも大切なのです。

ただ、人生の持ち時間は決まっていますから、手にする本をみな精読する必要はありません。本によっては飛ばし読みでかまわないものもあるでしょうし、精読したほうがいいものもあります。本の内容に応じて自分で決めればいいのです。

多読することだけがよいのでもなく、かといって、なんでもかんでも精読すればよいというものでもありません。バランスよく読書をすることがいいのです。

苦手な本の読み方

読んでいて楽しくない本は、読む必要はありません。

しかし、そういう本でも仕事や勉強、あるいは止むに止まれぬ事情から、どうしても読まなくてはならないときがあります。

私はちょうど60年安保の時期に学生運動をやっていました。左翼的な活動をするには演説をしたり、仲間内で議論をするための理論武装が必要でした。そのために、政治学や経済学、西洋思想史に関する本を精力的に読んでいました。

それこそマルクスやレーニンなど学生運動をする者の必読書と目されるものは、できる限り優先的に読んだ記憶があります。大月書店の『レーニン選集』『マルクス＝エンゲルス選集』は全巻そろえて持っていました。イギリスの歴史学者E・H・カー（1892〜1982年）の『ロシア革命』や丸山眞男（1914〜1996年）の『現代政治の思想と行動』など印象に残った本もそれなりにあります。ポーランド生まれでイギリスの歴史研究家のアイザック・ドイッチャー（1907〜1967年）の『武装せる予言者・トロツキー』は原書で苦労しながら読んだことを覚えています。

これらの読書は未知のことを知る喜びも無論ありましたが、正直なところ、面白いと感じるものは少なかった。しかし、演説で聴衆にアピールしたり、相手を論破したりするには、彼らの知識や思想を武器として身につけておかなければいけないという思いもあって、しんどいと感じながらも読んだのです。

理論武装をして、より有利に学生運動を闘う。もっぱらそれを第一の目的とした読書だったからこそ、気合いを入れて読むことができたわけです。

仮に学生運動というものが目の前にない状況で、それらの本を読むことになれば、途中で投げ出してしまうものも少なくなかったと思います。

仕事上の必要に迫られ、さほど関心がない本を、半ば義務的に読まなくてはいけないときもあるでしょう。

そんなときは仕方なく読んでいるという気持ちを捨て、仕事を成功させるために読んでいると思えばいい。それほど興味が湧かない内容でも、知らないことを学ぶ喜びを発見できると思います。

半ば義務的に読む本は、気の持ちようを多少なりとも変えてみる。意識して目標の設定を上手に行うことで、その効果も変わってくるはずです。

不足している感情を本で補う

人にはさまざまな感情があります。最近、私はある感情が自分に不足していることに気づきました。それは笑うことです。このところ、何かに笑うことがめっきり少なくなってしまったのです。日本の現状を見ていると、政治にしろ経済にしろ、文句をいいたくなるようなことばかり。

文句をいいたくなるテーマは目白押しですが、笑うテーマはまったくありません。だからこそ、たまにはゲラゲラ笑いたくなるテーマが欲しい。

読書もそれと同じで、もしあなたが真剣に姿勢を正して向き合うような堅い本ばかり読んでいるなら、ときにはリラックスして感情を解き放てるような本を読むことも大切です。

感情はいろいろな形で発散させたほうがいい。理性ばかりを働かせていたらバランスが崩れるので、感情も動かす必要があるのです。だから、脳みそを使う読書ばかりしているようなら、ときおりリラックスさせてくれるような本を読むのはいいと思います。

人をいつも笑わせてばかりのコメディアンは、プライベートでは意外なほど無口だし、勉強家だったりします。

最近、吉本興業の常設劇場である新宿の「ルミネ the よしもと」と大阪の「なんばグランド花月」に経済界の方々と出かけましたが、とても勉強になりました。とくに政界、経済界、役人の方々には、ぜひとも一度行ってみることをおすすめします。このような体験は間違いなく心に新鮮なプラスの効果を及ぼすと思いました。

私の場合、仕事ではいろいろな人と絶え間なく会って、しゃべってばかりいるという感じですが、家に帰ると無口になります。ワイフが説教っぽくあれこれいってくることにも特別異論を挟んだり、反論したりもせず、たいてい「はいはい」と黙って受け入れます。

人間の感情は、一方向に偏ることがあります。

ですから、仕事などで緊張した状態が続いていれば、リラックスしたり、泣いたり、笑ったり、感動したりと、感情をいい形で動かすことができるといいのですが、本はまさにうってつけです。

よく泣いた本というと、子どものころ読んだ下村湖人の『次郎物語』を思い出します。泣いているときにちょうど母から「ご飯よ」と呼ばれたものの、泣いているのがバレるのが嫌で、すぐに食卓に着けませんでした。

本は感情を豊かにするだけでなく、ふだんあまり自分が出さない種類の感情も学ばせてくれる。読書は感情をも磨いてくれるのです。それもまた、読書の効用の一つかもしれません。

第5章

読書の真価は生き方に表れる

仕事の姿勢を読書がただす

私にとって読書をすることと仕事をすることとは、分けて考えられるものではありません。本を読んで学んだこと、目をひらかされたことは、何らかの形で仕事に生かされることがあるし、仕事で体験したことが読書を通して「あれは自分にとってこういう意味を持つものだったのか」と整理されることもあります。

互いがいい形でフィードバックし合うのです。

このように読書と仕事は不即不離の関係にあって、私の仕事の姿勢に読書が与えた影響は計り知れません。

本で読んだちょっとした言葉が心に残って、何か行動をするときに、ふと思い出されることもあります。

たとえば、三国時代の英傑《えいけつ》、劉備《りゅうび》が臨終前に息子に語った「悪、小なるを以《もっ》て之を為すなかれ　善、小なるを以て之を為さざるなかれ」という言葉は、私が仕事をする上での大きな指針になっています。

どんな小さな悪でも、それはしてはいけないし、どんな小さな善であっても、それを実行する勇気を持ちなさい。こういう〝ささいなこと〟は、その人の〝人となり〟ににじみ出るものです。リーダーであれば、そういうことで人の信頼を得られ、人を動かす力にもなります。

伊藤忠商事で社長になったとき、黒塗りのハイヤーが用意されましたが、私はそれを使わず、電車通勤をしました。たいていの人は満員電車に乗って、しんどい思いをして会社に通っているわけですから、それを横目で見ながら自分だけそんなことをすれば、社員感覚からずれてしまうと思ったのです。

このときは、確か徳川家康（1542〜1616年）の遺訓だと思いますが、「不自由を常と思えば不足なし」という言葉が、どこか頭の片隅にあったのかもしれません。

日々の仕事に何気なく生かされている言葉はたくさんあると思います。本のどの言葉に影響を受けたか、と聞かれて、すぐに頭に浮かぶわけではないのですが、無意識のうちに、いろいろな言葉にふだんの自分が生かされていることは間違いありません。

仕事でトラブルに見舞われたとき、大きな決断をしなくてはいけないとき、行動を急がなくてはいけないとき、反省しないといけないとき、さまざまな局面で、本で学んだ無数の言葉が知らず知らずに生きている。そんなことをあらためて感じます。

私がまったく本を読まずに仕事をしていれば、そのときどきでの行動や考え方は違うものになっていたはずです。私が読書で得たことと仕事は、死ぬまで渾然《こんぜん》一体としてあるのです。

他人の失敗談は役に立たない

「事業で失敗をして巨額の借金を抱えたが、見事に立ち直り、再び成功のチャンスをつかんだ。波瀾《はらん》万丈の人生を歩んできたが、そんなしくじりを生かしていまは幸せになった」——そのような、著者が自らの大きな失敗や挫折をテーマとして綴《つづ》った本はたくさんあります。たくさんあるということは、それだけ人気のあるテーマということです。

なぜ、そういう本を人は好むのか？　人間は残酷な生き物ですから、人の不幸話を読んで気が安まるのかもしれませんし、どん底から復活し再生するストーリーに、自分を投影して励まされるような気持ちになるのかもしれません。なかには転ばぬ先の杖として、失敗談から教訓を学ぼうという人もいると思います。

しかし、私はそういう類の本は、わざわざ好き好んで読みません。なぜなら人の失敗体験など、自分にとって何の役にも立たないことがわかっているからです。

私は伊藤忠の業務部長時代、会社の失敗事例を集めてもらったことがあります。過去の失敗から社員が教訓を学ぶよう編纂《へんさん》されたものですが、私にはまったく教訓になりませんでした。すべてに目を通しましたが、失敗は当然という感想しか持てませんでした。

何か失敗をしたときに、「たしか教訓集にこれと似た事例があったな」と思い出すようなこともなければ、たとえ思い出しても、時代も環境も状況もみな違うので、そのまま当てはめて役に立つこともないでしょう。

そもそも人間は愚かな生き物です。さまざまな人の失敗事例をマスメディアなどを通して見ているにもかかわらず、それによって自らの失敗が減っている様子はありません。

無謀な投資や粉飾決算が原因で倒産した会社がどれほど報道されようが、相変わらず思慮の足りない投資や経理のごまかしをする会社は後を絶たない。価値観の違いから離婚する夫婦のケースをたくさん見知っていても、価値観のズレをどう埋め合わせればよいかわからず、離婚に至る夫婦はごまんといる。

つまり、人は他人の失敗を見て、自分もそうならないようにしようと気を引き締めることはあっても、それ以上に役立つことはあまりないと思います。

自分の失敗ですら、たいして教訓にならない。こんな失敗は二度とするまいと思っても、〝喉元過ぎれば熱さを忘れる〟で、同じような失敗のコースをたどりかけながら気づかなかったりするものです。自分の失敗ですらそうなのですから、ましてや他人の失敗や教訓など、推して知るべしです。

では、人の失敗事例が役に立たないとすれば、仕事で大きな失敗をしないためにはどうすればいいか？

人間は失敗をする動物です。もっともいい方法は、絶えず「小さな失敗」をしていくことだと私は思っています。

「ハインリッヒの法則」をご存じでしょうか。1つの大きな失敗や重大事故の裏には、29の小さな事故が隠れており、さらにその裏には300の「ヒヤリ・ハット」となるような軽微な異常があるという、事故にまつわる法則です。

「ヒヤリ」とか「ハッ」とする程度の出来事には、人はほとんど注意を払いません。「何もなくてよかった」と本人だけがその瞬間思って、後はたいがい忘れてしまう。しかし、それは将来起こりうる大きな失敗や事故につながる、何らかの兆候であるかもしれないのです。

福島第一原発事故にしても、それまでに「ヒヤリ」や「ハッ」とすることはたくさんあったと思います。ただ、根拠のない安全神話も手伝って、そうした重大事故に至るサインを見逃してしまったり、なかには発覚をおそれて隠したケースもあったのでしょう。

ですから、どんなに小さなことでも見逃さず、仲間で「ヒヤリ」「ハッ」を共有する。そして、そこで修正や改善をすれば、大事に至らずにすむのです。その意味で小さな失敗をたくさんしておいて、その都度反省をしたほうがいいのです。

「ヒヤリ」や「ハッ」とするような小さな問題を放っておくと、やがて大きなトラブルになりかねないという認識ができていれば、緊張感をもって仕事に当たれます。驕りや油断は生まれません。

逆に、すべてがうまくいっているときほど、気をつけたほうがいいでしょう。

とくに組織やチーム全体で仕事を進めている場合、順風満帆のときなどはとくに誰かが小さなミスを隠している可能性があります。そういうときこそ足を止めて、話し合いの機会を増やしたほうがいいのです。

「自伝」は眉に唾をつけて読む

失敗やトラブルは、ちょっとしたごまかしや小さな嘘が原因になって起こることもあります。

私の実家は本屋ですが、その屋号は「正しく進む」と書いて「正進堂」といいます。

祖父母も両親もその屋号通り生きた人でしたから、私は「嘘はいけない。いつも正直でいなさい」とよく聞かされました。ですから、嘘のない清い生き方というものを、私は自分にも課してきました。

そんな私が、一度だけ上司に嘘をついたことがあります。20代後半の頃、私は油脂部というところで大豆の受け渡しの仕事を担当していました。

当時の伊藤忠商事は、日本で一、二を争うほど、大量の大豆をアメリカから輸入していました。

あるとき、上司から「船会社への早出料、滞船料の精算は終わっているな？」と聞かれました。本当は数カ月もほったらかしで手をつけていなかったのですが、叱られたくなかったので、とっさに「終わっています」といってしまった。いった瞬間、「しまった」と思ったのですが、後の祭りです。

大豆を運ぶ船会社への支払い金額は、荷物を下ろすのに予定日数内にできるかどうかで変わってきます。予定より早く終われば船会社からボーナスをもらうのですが、反対に遅れるとペナルティを支払うのです。

その他、荒天によって作業ができないときは、その荷作業の割当時間から控除するなど細かい取り決めがたくさんあり、そうしたものをすべて計算して請求書を出さなくてはいけません。じつに面倒な仕事だったので、ついつい後回しにしてしまっていたのです。

ところが、何日も徹夜で慌ててつくった請求書を送った後、船会社のうち、何社かが倒産しそうだという噂が聞こえてきました。

請求した金が振り込まれなければ、会社にとっては大損害です。本当に金が振り込まれるのか、気が気でなりませんでした。

いつも暗澹《あんたん》とした気分となり、酒を飲んでも美味しくない。幸いにも、倒産の噂があった会社は別の会社に吸収合併され、請求金額も無事振り込まれました。

この一件で、私は嘘をつくのは本当に心身に悪いことだと骨身に沁みました。嘘や隠し事は大きなトラブルになりかねない。それに嘘や隠し事がなければ、うしろめたいことは何もない。常に等身大の自分でいることができ、正々堂々と自信をもって仕事に打ち込めます。

この経験から、私は自分が上の立場に立つようになったとき、いつも部下に「問題があれば、みんなで助けるから隠していることはすべていえ。嘘をつくと人生暗くなるよ」といっていました。

ですから私は、部下がどんなに大損を出しても、きつく叱ることはしませんでした。みんなでそれをフォローして、また儲ければいいのですから。

社長時代は、バブルの後遺症による巨額の不良債権の徹底的な洗い出しをしました。

そのときも社員には隠している赤字をすべて出せといったのですが、一度ですべては出てきませんでした。

「君たちは隠すな。世間に対しても隠してはいけない。そんなにあるの？　といわれてもいいから、出しきらないといけない」。そう社員に伝えたところ、1300億円、1500億円と次々に損失が出てきました。

しかし、こういう場合、経験上、最初の見積もりの3倍は出てくると思っていました。1977年に伊藤忠商事が安宅産業を吸収合併した際、安宅産業の負債は1000億円という見積もりでしたが、すべてを整理すると、その3倍にもなり、仰天した記憶があります。ですから20年後の当時は、私は「いや、もっとあるはずだ」といって、さらに調べさせるようにしました。

すると案の定、不良債権は2倍以上となった。そこで私は部長たちを集めて、「これ以上赤字を隠していたら、君たちの給料はストップせざるをえない。君たちを残してバスは出てしまうぞ」と最後通牒《つうちょう》をつきつけました。一方で「君たちの責任ではない。社長である私が最後に責任を取るから出しなさい」とも伝えていました。

最終的には私の予想通り、当初の見積もりの3倍に当たる、3950億円もの不良債権が出てきました。それを一括で特損処理をし、結果的に会社がV字回復するきっかけとなったのです。

嘘や隠し事がきっかけとなって、問題に発展するケースはいくらでもあると思います。私は優秀な人間ほど、隠し事をすると思っています。自分も周りも優秀と思っているから、何かあっても、自分の価値や評価を落とさないために必死で隠す。一度嘘をついたり、へんに隠したりすると、それがバレないように、また幾重にも嘘を重ねていくことになります。

嘘をついている当人は心にモヤがかかったようになるし、そこで何か問題が生じれば、精神的に追い詰められます。

そんなふうにならないためにも、どんなに小さくても、絶対に嘘はつかない。そのことが同時にトラブルを防ぐことにもなるわけです。

このように失敗やトラブルを防ぐには、結局のところ、それを引き起こす原因になりがちな行動や思考のパターンをしっかり認識して避けることが一番なのです。

本に書いてある他人の失敗事例といったものは、防止の手立てとしてあまり参考にはならないと思っておいたほうがいい。

結局、自分の失敗をテーマに書いた本は、「こうして自分は甦った」という著者の自慢話です。私も自分の失敗を本で語ったりしますが、本音ではどこか自慢をしているようで自分自身の心にも抵抗があるし、忸怩《じくじ》たるものもあります。

人は自分のことを書くとき、たいていよく見せようとします。恰好悪いこと、都合の悪いことは隠して、脚色した自分を語る。子どもの頃は偉人伝をよく読みましたが、大学生くらいになると、どうも全部が全部、事実ではないんだろうなということがわかってきます。

現実の世界において、人格も何もかも優れているような人は、そうそういないこともわかってくる。ですから半生記などの自伝も、著者がかなり脚色して語っているんだろうなと、ある程度割り引いて読んだほうがいい。

自伝や回顧録というものは、人生の失敗者や敗残者はまず書きません。成功者が語る話ですから、いくら自制しようともどこか自慢話になってしまうことが目に見えている。ですから教訓にもあまりならない気がします。

問題がなくなるのは死ぬとき

何か問題が起きると、その問題を必要以上に大きくとらえる人がいます。問題はあってはならないもの、という気持ちが強すぎるのです。

しかし、人間は生きていれば問題だらけです。一つ問題がなくなれば、すぐに次の問題が起こる。仕事やお金、人間関係や健康の問題など、挙げればキリがありません。懸命に生きることが、懸命に問題を生み続けるようです。

人生というものは、問題があって当たり前。問題のない人生など、どこにもない。問題がなくなるのは、死ぬときです。

伊藤忠商事の社長に就任した際、会社が創業以来の最大の危機に直面していたことはすでに述べた通りです。バブルの後遺症による巨額の不良債権を抱え、大幅赤字に転落した会社をどう再建するか、ぎりぎりの決断を迫られていたのです。

不良債権を一括処理するか、時間をかけて少しずつ償却するソフトランディングの道を選ぶか――。役員も銀行もみな、無理をしないで少しずつ処理をしていけばいいではないかという意見でした。

しかし、私はこのままだと水が砂に吸い込まれるように、稼いでも稼いでも不良債権（砂）に利益（水）が吸収され、会社はずるずると衰退（渇水）していくという危惧を抱いていました。

不良債権を一括処理するしか道はないと思う一方、市場がどういう反応をするか、株価が下がり続ければ、会社が倒産する可能性もある。そうなればグループで数万人いる社員とその家族が路頭に迷う……。

決断を下す前の1週間は何度も反芻《はんすう》し、迷いに迷いました。起きている間中、神経が異様なまでに張りつめ、ご飯が喉を通らなくなりました。

結果的には思い切った決断を下したことで、会社は見事に復活してくれました。多くの優秀な経営者の協力と社員の後押しと紙一重の幸運が重なったおかげです。当時の社員のみなさんには、いまでも涙腺が緩むほど熱い心の連帯を感じています。


問題があるということは、懸命に生きている証《あかし》です。

困難な問題に直面したときに必要なのは、その状況を冷静に見つめながら、前向きに考える謙虚さです。過信や自己否定がそこにあってはいけない。

どんなに苦しい状況に陥っても、それは天が自分に課した試練だと私は思っています。そこから逃げることなく、正面から受け止めてベストを尽くせば、必ず知恵と力が湧いてきます。思わぬ閃《ひらめ》きも生まれる。そうして不可能だと思っていたものに、光が見えてくる。その源泉となるのが、読書と経験です。

とくに多くの本を読んできた人は、先人たちの知識や経験からいろいろ学ぶことによって、突破口を開く気づきや心の強さを得られると思います。

問題をあらゆる角度から眺め、あらゆる可能性を探るには、読書で得た知識や考え方、想像力といったものが大きな力になるのです。

私は人からよく相談を受けます。傍からは順風に見える人でも、意外な悩みや問題を抱えていたりすることが多い。私はよくこう答えます。

「失敗しても死ぬわけじゃない。生きていればチャンスはいくらでもある。そもそも生きていることそのものが問題を生むんだから、問題が嫌なら死ぬしかない」

と。そしてこう続けます。

「問題は人との関係であり、一人で解決するものでもない。他人への想像力と共感が、解決へ導いてくれる。問題がある限り、またそれを解決する答えも必ずどこかにある。問題があるというのは、生きている証だ。問題があることを喜べ」

人間一人では生きていけない。人間一人の力はたかが知れている。これが私にとって人生最大の教訓です。

「癖を見抜いて、それを生かす」

会社にとって人は、何よりの財産です。リーダーは人をどう動かし、どう育てるか、常にそこが問われます。

私は人を育てるということについて、宮大工の西岡常一《にしおかつねかず》氏（1908〜1995年）が語り尽くした『木のいのち木のこころ』を読んで、とても感銘を受けました。西岡常一氏は法隆寺金堂や薬師寺金堂を再建し、生きながらにして伝説となった職人です。

この本では、寺院建築にまつわる伝統の技や知恵を通して、人の育て方の極意が語られています。

その一つが、木の癖を読みとって建物に生かすという話。「堂塔《どうとう》の木組みは寸法で組まず、癖で組め」というように、癖のある木は癖をよく知っているものが使えば、真っ直ぐな木よりも強く建物を支えるといいます。

「気に入らんから使わん、というわけにはいかんのです。自分の気に入るものだけで造るんでは、木の癖を見抜いてその癖を生かせという口伝に反しますやろ。癖はいかんものだというのは間違っていますのや。それをやめさせ、あるいは取り除いていたら、いいもんはできんのです」

この知恵こそ、1300年以上もの間、法隆寺が建ち続けている秘密を解く鍵の一つなのですが、それは組織における人の育て方にも深く通じるものがあります。

真っ直ぐな木のように、画一的なエリートばかりを揃えた組織は柔軟性に欠け、意外なほど脆《もろ》かったりします。

欠点のように見える癖がある人材でも、その癖を生かすようにうまく活用すれば、かえって面白い仕事をするようになる。そういう人材活用ができれば、エリートばかりの組織よりも、組織は多様性に富み、しなやかで強くなります。

昨今は企業の採用などで個性重視ということがよくいわれますが、かけ声ばかりで本当に個性の強い人材は敬遠されたり、あるいはユニークな個性があっても、それを殺《そ》ぐような育て方をすることのほうが多いと思います。

個性的な人材をどうやって育て生かすか、それができる度量と能力を持った指導者に乏しいという現実もあるのでしょう。

また、上司が部下に仕事を任せるとき、どういう段階で任せればいいかというヒント

も この本には書かれています。

西岡棟梁《とうりょう》は「完成してから任せず、未熟なうちに任せなさい」といいます。「こいつはもう一人前だ。何をやらせても安心だ」と思ってから、仕事を任せてはいけないというのです。

能力的にはまだまだだという段階で仕事を任せれば、本人が一生懸命努力をして自ら成長していきます。反対に成長した人間に任せると驕りが出て、能力を100%発揮できない場合も多々あります。

私は部下を育てる際、「認めて」「任せて」「ほめる」という3つの基本原則を持っています。ある程度見込んだ人材には、まだ未熟な部分が見えても、100%任せる。そして余計なことは一切いわないようにしていました。

人を育てるには、手取り足取り何もかも教えればいいというものではありません。そうではなく、最終的には自らが己を育て、成長させるように仕向けることが肝心なのです。そうやって自分の力で成長した人間ほど、また伸びしろも大きくなるはずです。

一つでも心に刻まれる言葉があれば、儲けもの

本を読んでいて、あまり期待していたほどではない内容だなと思っても、一つでも、二つでも心に刻まれる言葉があれば、儲けものと思ったほうがいい。

私の場合、そういう言葉は後でノートに書き写すのですが、それが自分の血や肉になるには時間がかかります。

とくに人間への洞察や生き方に影響を与える言葉というものは、それを記憶しても、すぐに生かせるものではありません。

仕事や人との付き合いのなかで体験したことが、記憶にある言葉と結びつき、初めて「こういうことなのか」と腑に落ちることもあります。それまでは単なる知識にすぎなかった言葉はそこで知恵に変わり、心のシワになるのです。

その反対に、体験していたことで言葉になっていなかったものが、本で出会った言葉でそういうことだったのか、と形を与えられることもあります。

すなわち、本で出会う言葉と体験は互いにキャッチボールをしながら、その人の人生をつくっていくのだと思います。つまり本で読み、心に刻まれた内容は、必ず生き方に

表れる。

そうなるためには、心に響く言葉は反芻してじっくり味わい、さまざまな体験について、それを洞察する視線を常に持っていないといけません。

心にシワが多い人は、人と向き合ったとき、相手の心のシワがどのくらいあるのかがわかります。反対にシワが少ない人は、たとえ相手がたくさんのシワを持っていても、それを感じることができません。

肉体のシワは歳を取れば自然と増えますが、心のシワは生き方や努力によって変わるので、歳を取っても少ない人もいます。最近はアンチエイジングといって若返り健康法が流行っていますが、心のシワまで増やさないよう努めているかのように見える人もたくさん見受けられます。

やはりたくさんの経験を積んで、たくさんの本を読む。時間をかけてシワをたくさんつくってきた人は、シワの数だけ、より深い人生を生きられる。そうやって心のシワを増やすことは何物にも代えがたい喜びだと思います。

読書は孤独な行為ではない

以前あるインタビューで、「無人島に本を3冊持っていくとしたら、どんな本を持っていきますか？」という質問を受けたことがあります。

しかし、その質問は私にとって答えようのないものでした。なぜならそんなところで暮らすとなったら、生きるためにやらなくてはいけないことがおそらく山ほどあるでしょうから、本を読むような時間はないと思ったのです。

まず、食料を得るために魚を獲《と》ったり、木の実を採ったり、動物をつかまえるための罠《わな》を仕掛けたりしなくてはいけない。作物になりそうなものを探し、畑を耕すこともしなくてはならない。また寝るための簡単な住居もつくらないといけない。さらに魚をさばいたり、作物の世話をしたり、住居をつくるための道具をつくらないといけない。料理をするには火もおこさないといけない。寝ているときなど獣に襲われないための対策も講じなくてはならない。

ともかく一から生活をつくっていくわけですから、やるべきことがいくらでもあるはずです。本など優雅に読んでいたら、飢え死にしてしまいます。

そうやって島での生活に慣れたらゆっくり本を読む時間もできるかもしれませんが、どんな本を読みたいかは、そのときになってみないとわかりません。

私が受けた質問は、「無人島で暮らす」→「何も娯楽がないから本を読む」というよくありがちな連想です。

無人島で一人、本を読む姿は孤独なものを感じさせます。しかし、本を読むという行為は、そもそも孤独なものではないと思います。孤独ではなくて、一人で作業をしているというだけのことです。料理をつくったり、掃除をしたりしている姿は孤独でしょうか。それと同じことです。

いまは「絆《きずな》」という言葉がわざわざ持ち出されるほど、孤独を感じている人が増えているようです。

孤独死という言葉はそんな世相を象徴していますが、そもそも死ぬときは一人ですから、死に孤独も何もあったものではありません。恋人同士が心中するにしても、死ぬときはそれぞれ一人です。

最近の人は、一人で何かをしているとすぐに孤独を連想するほど、一人で何かをすることにへんな引け目を感じている節があります。一人イコール、孤独ではありません。一人で何かをしていても、それはあくまで「一人でやっている」ということにすぎません。それ以上でも、それ以下でもありません。

電車や飛行機に乗っているときも、家で一人でいるときも、一人になっているときの私はほぼ読書をしています。でも、それは孤独な行為ではありません。

読書は自分の内面に降りていき、自分自身と対話しているかのように見えますが、同時に著者とも対話しているのです。小説であれば、さまざまな登場人物たちとも対話します。ですから、その意味においても読書をすることはけっして孤独ではありません。

読書を多く重ねてきた人は、それだけたくさんの著者と出会って、その人たちの声を頭のなかで響かせているのです。

ですから、たとえ一人暮らしで読書に明け暮れているような人でも、内面は孤独などというものからはほど遠く、じつに賑やかで楽しげなものなのではないでしょうか。

読書と品性

読書は心を広く深く豊かにしてくれます。とはいえ、本だけ読んでいればいいというものではありません。やはり仕事をやって人間というものと向き合わなくては、本当に人間を知ったり、理解したりすることにはならないと思います。

そういう意味での仕事は、なんだっていいのです。人間を相手にして、目標に向かってみんなで力を合わせれば、そのなかで人生が体験できます。その体験と誠実に向き合えば、どんな仕事であろうと、そこから得るものは大きい。職業に貴賤《きせん》なしというのは、そういうことです。

学問の世界に閉じこもって書物ばかり相手にしている学者は、その点でかなり偏っているのかもしれません。その意味では、学者よりも、たとえば人間を相手にしている沖《おき》仲仕《なかし》のほうが、人間を理解する能力に長けていると思います。

なぜなら貧しい境遇のなかで、いろいろ辛い目にあって生きてきたような沖仲仕は、象牙の塔の中で専門分野の本に埋もれて安穏としている学者よりも、豊富な人生経験をしているはずだからです。

ですから、本ばかり相手にして実体験が少ない学者のいうことは、私はあまり信用しません。実際に学者がいうことは立派そうでありながら、現実的な根拠が薄弱だったり、応用が利かなかったりすることが少なくありません。

人生経験の多さが人間理解に影響してくる一例として、学者と沖仲仕を対比させてみましたが、一番いいのは、もちろん実体験を積んだ上で読書をたくさんすることです。

アメリカの哲学者で『現代という時代の気質』を著したエリック・ホッファー（１９０２～１９８３年）という人がいますが、この人はまさに沖仲仕の仕事を続けながら思索を重ね、その成果をさまざまに著した人です。

正規の教育を一切受けず、すべて独学で学び、最後はカリフォルニア大学バークレー校の教授になりました。しかし、大学の先生になっても沖仲仕の仕事を辞めることなく、ずっと続けていたそうです。

さまざまな人生経験を積み、その上で読書を加えれば、それなりの品性が備わってくると思います。育ちのいい学者先生でも人生経験に乏しければ、品性といったものはにじみ出てこない。むしろ人間への理解が浅く、人間性が偏っていれば、どんなに知識があっても、品性は下劣になったりします。

他人から見て嫌な感じを与えない人は、品性のある人が多いのではないでしょうか。自分に品性があるかどうかを見極めるのは難しいし、自分で「品がある」という人は、たいてい品がない。本さえ読めば人間性を高められるという単純な図式があるわけではないと思っています。

生きている限り、人にはやるべき仕事がある

私は人が生きていく上で大事なのは、仕事と読書と人間関係と、そこからくる人間への理解であるということを繰り返しいい聞かせています。

こういうと、会社を退職して老後の生活を送っている人はどうするんだ？　とたまに聞かれることがあります。

しかし、仕事とは必ずしも、それによってお金という報酬を得るものとは限りません。老人施設に行ってボランティアをすることも、近隣の道を近所の人たちと一緒に掃除することも、自然エネルギーを地元に導入するために運動をすることも、みな立派な仕事

です。

無報酬のこうした仕事でも、人を相手にするものである以上、人間への理解を深めることができます。ですから、報酬があろうとなかろうと、仕事を続けることが大切なのです。

世の中には働かなくてもお金がたくさんあって、そのため仕事をせずに生きている人もいます。自分が育てたベンチャー企業を上場させ、大金を手にし、まだ若いのに現役からリタイアしたような人もいます。

宝くじで大金が当たったり、大きな遺産が転がりこんできたりして、ぶらぶら暮らしている人もいるでしょう。

こういう人は、人生の大きな目的がお金なのでしょうか。そんな生き方を羨ましいと思う人もけっこういるのでしょう。

しかし、私から見れば、たとえお金があっても、仕事をしないでぶらぶらしている人は不幸です。

読書にいそしむならまだしも、特段何もしない中途半端な生き方をして本当に楽しいのかと思ってしまいます。

実際、毎日そんな生活を送っていたら動物のようになってしまいます。社会にはいろいろな人がいて、どうにも救われない弱者もいるといったことなどに思いを馳《は》せたりすることもないでしょう。

お金があって余裕のある人ほど、ノブレス・オブリージュの精神を持って、社会や人のためになる貢献活動をする。私ならそう考えますが、そういう人は少ないようです。

お金持ちになって、仕事をしないで遊び暮らす。それこそが最高に幸せな生き方だと思っている人は、仕事が本来どういう意味を持っているのか、人生においていかにそれが大切なのかが、いまだ理解できていないのではないかと思います。

第6章 本の底力

思考の棚にフックをつくる

セレンディピティ（serendipity）という言葉があります。素晴らしい偶然に出会ったり、予想外のものを発見するという意味の言葉ですが、本をよく読んでいると、このようなセレンディピティは起こりやすくなると思います。

セレンディピティはいろいろな人と出会ったりして知見が高まると、起こる頻度が高まるといわれます。

本を読むのも、いろいろな人（著者）と出会って付き合うことです。したがって本をよく読んでいる人は、セレンディピティを一層招きやすくなるのではないでしょうか。

読書をすると自分のなかに引き出しがたくさんでき、問題意識が生まれます。つまり思考の棚に、さまざまなフックができるのです。

フックがなければ素通りしてしまうようなことも、フックがあれば、他人と同じものを見ても引っかかって、そこから新しい展開や可能性が開けたりします。

たとえば、ふだん歴史書を好んで読んでいる人が取引先の担当者と話をしていたら、たまたま相手も歴史に関心があり、中世の歴史に詳しいことがわかった。そうした共通の関心からお互いの距離が縮まり、新しい仕事をどんどんくれるようになった。あるいは農業に強い関心を持った人が、その関連の本を買ってきて勉強をする。するとさまざまな問題があることがわかり、それをいかに解決するかという問題意識を持つようになる。そして、その問題意識から農業で新しいスタイルのビジネスを思いつく……。

このようなことは、本を読んでいなければ生まれないセレンディピティです。

もちろん自分のなかにいろいろな引き出しや問題意識を持っていても、行動が伴わなくては、せっかくセレンディピティが起きても生かせないこともあります。

ですからセレンディピティが起きたときは、それに応じた行動をすることが大事だと思います。

本との偶然の出会いは、現実に起こる幸運な出会いを常にはらんでいるのです。

運が来る人の理由

セレンディピティの話をしたので、ついでに運やツキとは何かということについても考えてみたいと思います。

生きていれば毎日のように、「ああ、ツイているな」とか「ツイてないな」といった小さな出来事が起こるでしょう。

仕事に行くとき、電車に乗り遅れ、しかも乗った電車が信号機の故障で止まってしまった。一日の始まりにそういうことが起きると、暗い気持ちになる。するとツイてないと思うことが、また起こったりする。反対に人の親切に触れるなど何かいいことがあると、今日はツイてる日だと思う。すると、いいことが続いて起こったりする。

こういうことは誰でも経験するのではないでしょうか。要は気の持ちようで運は微妙な変化をするということです。

この世界は、神様が上から見ていて、あいつには運を与えようとか、罰としてツキを取り上げようとか、そういう天の配剤で動いているところではありません。

たしかに、宝くじで大金が当たるような偶然としかいいようのないこともあります。しかし、宝くじに当たった人が本当に幸せかというと、意外とそうでなかったりする。アメリカで宝くじで大金が当たった人のその後を追跡調査したところ、家族や友人関係が悪くなったりして、結果的には以前よりも不幸になったケースがかなり多かったそうです。宝くじに当たったこと自体はツイていても、その後の生き方や考え方が変わることによって、不運を招いたりするわけです。

すなわち、運には「偶然の運」と、本人の生き方や努力によって変わりうる「偶然ではない運」があるのだと思います。

当たり前のことですが、真面目にいい仕事をし、邪《よこしま》な発想をせず、人のことも常に考えられる人に運は微笑《ほほえ》むのでしょう。もちろん、いろいろな経験を積んだり、さまざまな本を読むことで人間というものを深く知ることも、そこに関わってくるのだと思います。

そんな人は周りから評価されるし、信用もされる。そのために多くのチャンスを与えられるのです。

だから、自分は「運がないな」「ツイてないな」としょっちゅう感じている人は、セレンディピティが訪れるように、セレーン（ｓｅｒｅｎｅ／穏やかな）な、読書というひとときを持つといいかもしれません。

スランプに陥る人の特徴

先日、ある若い人から相談を受けました。その人は有名国立大学の法学部を優秀な成績で出て社会人になったのですが、昇進の時期になって自分が上司からどう評価されているか自信がないというのです。

最高のエリートという自負をもってやってきた人が、自分が思っているほど周りは評価してくれていないという現実との落差に悩んでいたわけです。

学校の勉強は本人の努力だけで結果を左右できますが、社会に出れば、自分の努力だけで思い通りにいくものではありません。試験の点数を取るのが上手な人が、就職してからも仕事でいい点数をあげられるとは限りません。

学校の勉強をうまくやってきた人は、そこをつい勘違いしてしまうことがあります。ですから、私はこういいました。

「社会に出れば、君の立場は君が決めるものじゃない。人が決めるんだ。だから人事を尽くして天命を待つ気持ちでいればいい」

会社にしろ、役所のようなところにしろ、組織というものは、じつは本人が思っている以上に、その人のことを正しく判断しています。

特定の上司にえこひいきされたり、逆に嫌われることもあるかもしれませんが、そういうことはずっと続くものではありません。上司が異動になったり、その人自身が別の部署に移ったりと、職場の人間関係は絶えず変化する。そういうなかで評価は平均化され、現実とほぼ一致してくるものです。

たとえば、自分に対する評価が130点という人に対して、上司をはじめ同じ職場の人たちはそれぞれにばらけた評価をしますが、それでも60〜80点の幅に収まったりしきます。こうした他人からの評価のレベルは、たとえ別の会社に行っても似たりよったりなのです。

たまに「最近スランプなんですが、どうしたらいいでしょう？」と聞かれることがありますが、そういう人は、やはり自分に対する評価が高いんだと思います。

元々の実力がたいしたことないのに、自己採点が甘いゆえに、ちょっとしたことで調子が悪いと気になる。調子が悪くてだめなときが、自分の本来の実力だと思えば、スランプになど陥りようがありません。

あるプロ野球のベテラン監督が「スランプなんていうやつは、ただ下手なだけ」といっていましたが、まさにそうだと思います。

私自身はスランプというものを感じたことは、これまで一度もありません。次から次へと仕事をやっていくなかで、スランプを感じる暇もないほど忙しかったというのが実感です。

いずれにせよ、壁にぶつかったときにこそ、その人の器がどのくらいの大きさかよくわかります。

ふだんは威勢のいいことをいっているけど、実際は小さい人間なんだなとか、自分のことばかり考えているエゴイストだなとか、いろいろなものが見えてくる。

そういうときに余裕があるかどうか。余裕がどこかにある人とない人では、壁に対する構えも乗り越え方も変わってくると思います。

余裕がある人なら、壁にぶつかっている自分の姿を客観的に見られるでしょうし、何が問題になっているのか、その原因は何なのかをとらえることができる。そして、本を読んで得てきたことが、ふと生きてきたりするわけです。

もちろん読書を多くしている人のほうが、そうでない人より壁をたやすく乗り越えられるという単純な話ではありませんが、同じ乗り越えるにしても、力みかたや使うエネルギーがどこか違ってくるはずです。

壁にぶつかっても投げ出したりせず、ともかくベストを尽くす。そうすれば必ず壁に穴が開きます。壁を越えれば、その経験が後で生きてきます。

壁にぶつかったときに学べることは、少なくありません。壁にぶつかったら、絶好の機会だととらえるべきです。

私はプロ野球の巨人軍監督としてV9を達成した川上哲治《てつはる》さん（1920〜2013年）に生前親しくしていただき、何度かお酒を酌み交わしたことがあります。川上さんとの出会いは、拙著『人は仕事で磨かれる』を読まれた川上さんから「大変感動したから一度会いたい」と連絡があり、王貞治さん（1940年〜）の一本足打法を指導した荒川博さん（1930〜2016年）と歓談したのが最初です。

私も川上さんが書かれた『遺言』を読んで、組織の在り方や人の育て方について大いに学ぶものがあったのですが、それ以上に本人の口から直接聞く人生哲学は、とても興味深いものがありました。

「疲れたなんてプロのいうことじゃない。本当のプロはこれ以上できないともいわないものだ。もうこれ以上できないという段階を超えて無我の境地に達する。そこまでするのがプロだ」

それを聞いたときは、なるほど、そこまでやったからこそ、「ボールが止まって見える」という感覚を会得したのかと思いました。川上さんが多摩川グラウンドで、周りが心配するほどの激しい打撃練習を何時間も続けていたら、高速で飛んでくるボールが静止して見えた。それが「ボールが止まって見えた」という有名な逸話です。

まったくもって、すさまじい努力です。そのくらいの努力をすれば、おそらく越えられない壁というのは、この世にそうそうないのではないかと思うほどです。川上さんにとって壁は、自分を最高に高めてくれる有り難いものだったに違いありません。

本は「人を見る目」を養ってくれる

私は初対面の人を見て、だいたいどういう人物かがわかります。それが本当の姿かどうかは別として、私の第一印象でこういう人間だなと感じたことは、ほぼ外れない。姿形というよりも、目の輝きやしゃべり方、会話のちょっとした内容、振る舞い、癖などを、脳が感受するようです。直感とか一目惚れという言葉もありますが、人間を総合的にとらえる第一印象は恐いものです。

このような人を見る眼力は経営者をやったことではなく、「人間とは何か？」という究極の関心を抱きながら生きてきたことが強く影響しているのかもしれません。人間というものを、仕事や本を通して知ろうとすることに人一倍熱心だったから、多少なりとも人を見る目ができたんだと思います。

体験だけで生きてきた人の、人を見る力が5のレベルにあるとします。

ところが、その人が体験だけでなく、読書も重ねていくなら、そのレベルは倍近くになる。そのくらい、読書は人を見る目を養ってくれると思います。

その人が本をふだんから読んでいるかどうかも、すぐわかります。読書家の人は論理的な思考ができて、話す言葉が整理されている。この人は読書をしていないなという人と比べると、コミュニケーションに信頼感があります。ふとした振る舞いに人間的な幅や余裕が感じられる。

新入社員を見て「こいつはできるな」と思った人は、ほぼ部長職以上に出世することが多かった。反対に優秀な大学を優秀な成績で卒業して入ってきた社員でも、「これはどうかな」と感じた人は、残念ながらよい結果が生まれなかったことが多かったのです。

学歴が高くても伸びない人はプライドが高く、「俺は偉い」と思っているタイプがけっこう多い。自己評価が高すぎるため、「なんでこんな仕事をやらせるんだ」と上司との間に軋轢《あつれき》が生じたり、雑用的な仕事をなおざりにしてしまうのです。そんな仕事っぷりから信頼をなくしたり、上司になっても人望を集めることができない。

学校の成績はそれほど優秀ではないけれど、目に力があって、いうことが常識に囚《とら》われていない。一見やわに見えるけど、きつく叱ってもへこたれず、コツコツ努力をする。こういうタイプは伸びることが多い。

すべての人を類型化できるわけではありませんが、おおよその傾向といったものは、いくつかの特徴でわかります。

もちろん、なかには途中でいいほうにも悪いほうへも変わることもあるので、第一印象だけで100%決めつけることはできません。

仕事をともにする仲間や取引先の心を許した人には、私は100%信頼を置くことにしています。

仮に仕事がいま一つだなと思う部分があっても、信頼する。言葉や文化が違う外国人でも信頼する。場合によっては100%でなく、ある分野だけ50%ほど信頼して仕事を任すこともありますが、一緒に仕事をする限りは、信頼することが第一です。

そういう姿勢でいつも人と接しているせいか、裏切られたとか騙されたという例は、記憶の限りではこれまでほとんどありません。

相手に嘘をつきながら、相手を信用することはできません。こちらが信用すれば、相手もこちらを信用してくれます。こちらが信用しなければ、相手もこちらを信用してくれないでしょう。互いが信用しなければ、必ず嘘やごまかしが生まれます。それが原因となって、問題が起こったりするわけです。

娘が結婚しようというときに、私はこんなことをいいました。

「お前がこの人と思う相手なら誰でもいい。自分の人生は、自分で責任を持って決めるものだ。100%信頼している」

娘はいかにもカカア天下になりそうな男性と結婚しましたが、私は一切何もいいませんでした。一度心を許し、信頼した相手にはとことん任せる。仕事でもプライベートでも、人との付き合いにおいて、このことはとても大切だと思っています。

怒りとの付き合い方

ストレスの多い社会ゆえなのか、「怒り」をどうコントロールするかというテーマの本がけっこう売れているそうです。「アンガーマネージメント」と銘打ったセミナーなんかも流行っていると聞きます。

しかし、怒りはへんに抑えつけたり、コントロールしないほうがいい。ある程度、怒りの感情は上手に発散させたほうが精神衛生上、いいからです。

ただ、怒りにも自分に原因があって怒っている場合と、明らかに相手に問題があって怒る場合があります。

自分にストレスがあったり、何か問題を抱えていたりして、うさを晴らすように怒るのはもちろんよくないことです。そういう類の怒りは、周りの迷惑でしかありません。

この場合は怒りをコントロールする以前に、自分を客観的に見つめる必要があります。こんな人がもし近くにいたら、巻き込まれないようになるべく離れるに限ります。

こういう自分勝手な怒りが増えていることもあって、怒りというものが深刻なテーマになっているのかもしれません。

相手に問題があって怒りを覚えるときはどうか？

そういうときは、ある程度怒ってもいいと思います。自然界の生き物は、攻撃されたら怒ります。怒って相手に反撃したり、自分を守らなければ死んでしまいます。このような怒りは本能的なものであり、生命を存続させるために必要なものです。

それと同じで、人の怒りの感情にも、本能に根ざすものがあるのです。本能的な怒りを無理に抑えようとすると、もっと増幅されたり、マグマのようにたまったものが別の形で現れることもあるので、気をつけたほうがいい。

私が会社に入ってまだ2年目の頃、こんなことがありました。私よりも一つ年次が下

ていました。


の新入社員を、指導担当の上司が執拗《しつよう》にいじめている場面に出くわしたときのことです。その上司は何か鬱積《うっせき》しているものがあるのか、その社員をしょっちゅう高圧的に指導していました。

「何度いえばわかるんだ！　こんな簡単なことを繰り返し間違えて……」

顔を青くした新入社員は気の毒なほど縮こまり、ひたすら謝っている。それなのに上司は、くどくどとミスを追及してやみません。しーんと静まりかえったなかで、上司のヒステリックな声が延々と響き渡っています。そのときだけではなく、その新人が「すみません」といくら謝っても、簡単に許さないことがじつに多かった。

「いつになったらやめるんだ。いい加減やめればいいのに」と、そのとき傍《そば》で見ていた私は、ついにそのやりとりに我慢がならなくなり、椅子を蹴飛ばして怒鳴りました。

「おい貴様、いい加減にしろ！　本人は十分謝って反省しているじゃないか！」

強いものに尻尾《しっぽ》を振るのも下劣で嫌だし、強いものが弱い者いじめをするのも許しがたい。そんな気持ちが強かった私には、たとえ上司であろうと見過ごすことができませんでした。

後で課長に呼びだされた私は、「相手は上司なんだから、いくらなんでも〝貴様〟はないだろう」と諭されました。しかし私は、「言葉遣いには気をつけないといけませんが、あの態度はいただけません」と、いまから思えば若気の至り、汗顔の至りですが、そのときは最後まで譲りませんでした。

この一件で、その上司は新人指導担当からはずれ、雅量のある上司と代わることになり、結果的にはかえってよかったのです。

このように私は理不尽な怒りを覚えたりすると、その思いを抑え込めず、たいがいは外に出してしまいます。ときには前述した一件のように、言葉が過ぎてしまうこともあります。

怒って、後で悔いても致し方ないのですが、いまになって思えば、他の社員は、お前は何様のつもりだと見ていたのではないかと恥ずかしい限りです。

こういうエピソードはほかにもいくつもありますが、伊藤忠商事が官僚的な会社であれば、とっくにクビになっていたかもしれません。

怒りの感情を出したくとも出せないときは、体を動かすことが一番です。ジョギングで30分も走れば、バカバカしくなってきたりするものです。

強い怒りの気持ちに囚われたとき、それが自分に問題がある怒りであればコントロールすべきでしょうが、そうでない場合は、下手《へた》なマネージメントはしないほうがいい。無理に抑えつけければ、かえって怒りを強めることにもなりかねません。

それよりは、いかにうまく発散するか、その方法を考えたほうがいいと思います。

死をどうとらえるか

死は人間にとって究極の謎です。誰しも死は体験できない。体験できないものであるゆえに、死はこういうものだと正しく語ることはできません。

死というテーマを巡って書かれた本は膨大にあります。しかし、どれほど洞察力を持った科学者や哲学者であろうと、死とはこういうものなのではないかと推測することしかできません。

すなわち、どれだけ死について書かれた本をたくさん読もうと、死はずっと謎のままであり続けます。

生まれて間もない子どもが死を考えるなんてことはありませんが、人は歳を取って死が近づいてくれば、おのずとそのことを考えるようになります。考えても仕方ないけれど、あれこれ考える。生命あるものは必ず死ぬのですが、人間はあれやこれや、つい余計なことを考えてしまう生き物です。

若い頃は死について考察された本を何冊か読みましたが、ある程度歳を取ってからは、そういう本は読んでいません。仕事でずっと忙しかったということもあるでしょうし、自分なりの死生観を持つようになったから、わざわざそういう本を読むまでもなかったんだと思います。

医療が高度に発達したいまは、昔のように死を自宅の畳の上で迎えることが少なくなりました。多くの人は病院のベッドの上で亡くなります。つまり、以前は日常のなかで身近にあった死は、いまでは隔離された病室のなかにあるわけです。

死が非日常的なものとなれば、現代人にとって死は一層不安と恐怖の対象になってきます。死は生命あるものの自然現象なのに、それを自然にとらえることができなくなるわけです。

私はもう数年で傘寿です。死ぬまでに、あと何冊本が読めるだろうか、何回食事ができるだろうか、と最近ふと考えたりします。死というものを具体的な感覚のなかでとらえている感じです。

どうせ死ぬなら、苦しまずに楽に死にたい。少し前に脚本家の橋田壽賀子さんが、終末医療にかかるようなことがあれば安楽死を選びたいといって話題になりました。

その反響から、「文藝春秋」がさまざまな識者に安楽死についてのインタビュー記事を載せました。この企画では私もアンケート取材を受けました。

アンケートは「安楽死に賛成」「尊厳死に限り賛成」「安楽死、尊厳死ともに反対」の三択から選ぶというものでした。私は「安楽死に賛成」を選びました。

安楽死と尊厳死に共通するのは、「不治の病にかかって末期」「本人の意思で死を選ぶ」という点です。

他方、尊厳死は延命措置を断って自然死を待ちますが、安楽死はいろいろな条件がありますが、薬物などを使って医療従事者が終末を早めるという点が違います。

日本尊厳死協会が安楽死を認めていないように、安楽死と尊厳死のとらえ方も人によってかなり温度差があります。

私は、複数の専門家により「治る見込みがなく、苦しみが続く」と判断された場合なら、死を選んでも別にかまわないのではないかと思います。これは自殺とは違います。

私は死ぬときは、心おきなく何の悔いもなく死にたい。認知症にでもなれば、後悔したり、恥ずべきことも忘れてしまうのかもしれませんが、できれば何の屈託も抱えず旅立ちたいと思っています。

昔、アメリカに駐在していたとき、死から生還した200ほどの人に、死後の世界についてインタビューした『LIFE AFTER LIFE』という本をたまたま見つけて読んだことがあります。

棺《ひつぎ》に入れて釘を打ちつけているときに息を吹き返したり、病院で臨終を告げられたのに生き返ったりした人たちから話を聞いてまとめた本でした。

病室のベッドに横たわっている自分を天井から見ていた。亡くなった肉親が川の向こうから呼んでいたが、自分はきれいなお花畑のなかにいて結局川を渡らなかった。雲の上で爽やかに気持ちよく座っていた。いずれも地獄のなかで苦しむような話はまったくなく、穏やかで心安らかな内容の体験が語られていたのですが、死後の世界に向かうときは、みな平安な気持ちなのかもしれません。

これらの体験談は、もしかしたら間違って死んだことにされた人たちの脳がつくりだした幻影とも考えられます。たとえそうであっても、生命の灯が消えようとするぎりぎりの状態において直感された死のイメージは、どこか真実を伴っている気がします。

死ぬ寸前まで苦しそうな人でも、死に顔は安らかなものです。実際、死ぬときはみな安らかな気持ちでいくのかもしれません。そう考えれば、死はそう怖《おそ》れるものではないと思います。

読書は心を自由にする

昔は「KY（空気が読めない）」、いまは「忖度《そんたく》」という言葉が流行っています。日本人は和を重んじるから、周りの人の顔色をうかがうように空気を読むのがある意味礼儀であり、昔からのしきたりなのでしょう。

ベストセラーのように流行りものがしょっちゅう現れては消えていくという現象がよ

く起こるのも、周りの空気が気になって仕方ないからだと思います。ベストセラーを私が読まないのは、その本が売れているからといって、多くの読者にとってよい内容であることが保証されているわけではなく、売れているという空気が勝手に膨らんでベストセラーとなっているからです。

もっとも、空気を読むこと自体は悪いことではない。その場、その場で空気を読んで対応するのは当然のことです。

しかし、漂っている空気に遠慮していいたいことをいわず、主張すべきことを主張しなければ、それは空気を読みすぎていると思います。自分を曲げてまで周囲に同調する必要はありません。

最近の日本の政治は、権力を握った人間が自分たちの好きなようにシステムや国の行方を次々とつくりかえていこうとする動きが目立ちます。

しかし、そんな危うい空気にもかかわらず、深くものごとを考えることをせず、何となく現状に流されて生きている人のほうが多いのではないでしょうか。

何の疑問も異議も唱えず、周囲の空気を読んで現状に満足しているようでは、それはまさにスペインの哲学者、オルテガ・イ・ガセット（1883〜1955年）が『大衆の反逆』で述べたように、野蛮性と原始性に富んだ衆愚《しゅうぐ》になるだけです。

ドイツの政治学者E・ノエル＝ノイマン（1916〜2010年）は著書『沈黙の螺旋理論』のなかで、多数派におされて少数派が意見をいいにくくなり、世論が形成されるという過程を示しています。日本人は軸をしっかり持たず、空気を目ざとく読んで多数派につくという「沈黙の螺旋」を常に描いているように思います。

会社の会議などでは、みな空気を読んでいます。空気を読んで何となく通りそうな意見に無難に従おうとする人。こっちの方向へ空気は流れていきそうだけど、それに対しては反対だからしっかり意見をいう人。こういう発言をすれば多数が同調してくれると読んだ上で何かしゃべる人……。そういうなかで生まれた空気に積極的に賛成する人が2割、反対する人が1割、残りの7割は特に賛成意見も反対意見も持たず、周りの動向に従う。会議に参加する人はそんな感じで構成されているのかもしれません。

いつも周りの空気を読んで付和雷同する人は、自分の軸を持っていないからそうするのでしょう。

幅広くいろいろな本を日頃から読み、仕事と真剣に向き合っている人は、自分の考えや信念を持っているから、安易に空気に流されるようなことはないはずです。

読書は心を自由にしてくれます。読書によって自分の考えが練られ、軸ができれば、空気を中心に思考したり、行動したりすることはなくなるはずです。世間の常識や空気に囚われない、真の自由を読書はもたらすのです。

空気はあえて読まないことも必要です。読みたければ読めばいいと思いますが、読んでもそれに同調したくないときは、そうする。空気をどう扱うか、どう読むか、どう対応するか、その都度、その都度、自らの心、良心に従い、柔軟に考え、行動していく力を持つことが、動物の血が抜けきれない人間としての最大の幸せではないでしょうか。

物の豊かさではなく、〝心のありよう〟こそが、人間としての最大、唯一の証であるように思うのです。

おわりに

私は仕事を引退してからじっくり読もうと長年思っている本を一点だけ、書棚に残しています。完結まで27年の歳月を要して岩波書店から刊行された全42巻の『大航海時代叢書《そうしょ》』の25巻です。これは15世紀末から17世紀初めの大航海時代、ヨーロッパ人が未知の土地を求めて世界中を船で探検した記録で、コロンブスやヴァスコ・ダ・ガマ、マゼランの航海記録、東方諸国記、インカ皇統記、メキシコ征服記、日本王国記など、当時の航海記、探検記、見聞録、民族誌がほぼ網羅されています。

新しい文物や土地を求めてヨーロッパの人間が冒険を重ね、初めて現地人に会ったとき、何を思い、何を考えたのか？　どう彼らとコミュニケーションをはかり、いかにして融和したのか？　当時の生の記録にはとても興味深いものがあります。

ときおり読みたくなってちらちら頁を繰ったりすることもありますが、これだけのものを仕事が慌ただしい隙間を縫って読むのはもったいない。いずれ仕事から解放され、たっぷり時間ができてから腰をすえて読みたいと考えていますが、大事なワインと同じで最後まで飲まず、読まずで終わってしまうのではないかと心の中では焦っています。

私はあと数年で傘寿になります。さすがにこの歳になると、自分の最期を想像してしまいます。やはり同じ死ぬなら楽に死にたい。好きな本を読みふけっている最中に忽然《こつぜん》と死を迎えるのも悪くない……。

そんな他愛もないことをふと思ったりしながら、「人間の証」である〝心〟を求めて、今日も私の眼は本の文字を追い、指は頁をめくります。それに飽きれば、まだ見ぬ世界に出かけるように、新しい本との出会いを求めに行きます。それはおそらく私が死ぬまで毎日繰り返されるのでしょう。そんな私が人生の最後に見る風景は、やはり本に印刷された文字と、それを介して想像される未知なる世界なのかもしれません。

最後になりましたが、この本は髙木真明さん、四本恭子さんの励ましと情熱なくしては完成しなかっただろうと思います。心より感謝いたします。

2017年7月

丹羽宇一郎

＊本書の著者印税は著者の意向により、伊藤忠兵衛関連の資料保全のため「滋賀大学経済学部附属史料館」と、中国から日本への私費留学生への奨学金として「公益社団法人 日本中国友好協会」に、全額寄付されます。

著者略歴

丹羽宇一郎《にわういちろう》

公益社団法人日本中国友好協会会長。一九三九年愛知県生まれ。元・中華人民共和国駐箚特命全権大使。名古屋大学法学部卒業後、伊藤忠商事(株)に入社。九八年に社長に就任すると、翌九九年には約四〇〇〇億円の不良債権を一括処理しながらも、翌年度の決算で同社の史上最高益を計上し、世間を瞠目させた。二〇〇四年会長就任。内閣府経済財政諮問会議議員、地方分権改革推進委員会委員長、日本郵政取締役、国際連合世界食糧計画(WFP)協会会長などを歴任ののち、一〇年に民間出身では初の駐中国大使に就任。現在、早稲田大学特命教授、伊藤忠商事名誉理事。

幻冬舎新書 461

死ぬほど読書

二〇一七年 七 月三十日 第一刷発行
二〇二一年十一月十五日 第七刷発行

著者 丹羽宇一郎
発行人 見城 徹
編集人 志儀保博

発行所 株式会社 幻冬舎
〒一五一―〇〇五一 東京都渋谷区千駄ヶ谷四―九―七
電話 〇三―五四一一―六二一一(編集)
〇三―五四一一―六二二二(営業)
振替 〇〇一二〇―八―七六七六四三

ブックデザイン 鈴木成一デザイン室

印刷・製本所 株式会社 光邦

Printed in Japan ISBN978-4-344-98462-2 C0295
に-5-1

幻冬舎ホームページアドレス https://www.gentosha.co.jp/
*この本に関するご意見・ご感想をメールでお寄せいただく場合は、comment@gentosha.co.jp まで。

幻冬舎新書

出口治明
人生を面白くする
本物の教養

教養とは人生を面白くするツールであり、ビジネス社会を生き抜くための最強の武器である。読書・人との出会い・旅・語学・情報収集・思考法等々、ビジネス界きっての教養人が明かす知的生産の全方法。

小谷野敦
面白いほど詰め込める勉強法
究極の文系脳をつくる

膨大な〈知〉を脳の許容量いっぱいにインストールするコツは「リスト化」「記号化」「年表化」の三技法！　文藝評論家で留学経験があり、歴史や演劇にも詳しい著者が教える、博覧強記になれる最強ノウハウ。

中条省平
マンガの教養
読んでおきたい常識・必修の名作100

かつて読むとバカになるとまで言われたマンガが、いまや教養となった。ギャグから青春、恋愛、歴史、怪奇、SFまで豊饒たるマンガの沃野への第一歩に最適な傑作100冊とその読み方ガイド。

中条省平
マンガの論点
21世紀日本の深層を読む

10年前すでに戦争とテロと格差を描いていたマンガを論じることは世相を読み解くことだ。『デスノート』『闇金ウシジマくん』『鋼の錬金術師』他この10年の数百冊から現代日本を探る。

幻冬舎新書

近藤勝重
書くことが思いつかない人のための文章教室

ネタが浮かばないときの引き出し方から、共感を呼ぶ描写法、書く前の構成メモの作り方まで、すぐ使える文章のコツが満載。例題も豊富に収録、解きながら文章力が確実にアップする！

近藤勝重
必ず書ける「3つが基本」の文章術

文章を簡単に書くコツは「3つ」を意識すること。これだけで短時間のうちに他人が唸る内容に仕上げることができる。本書では今すぐ役立つ「3つ」を伝授。名コラムニストがおくる最強文章術！

山田悟
カロリー制限の大罪

カロリー制限は、たった2年の実践によって骨密度の低下、貧血、筋肉量の低下が報告されるなど、危険性がわかってきた。カロリー制限の問題点を明らかにしつつ、美味しく楽しく続けられる糖質制限を解説する。

榎本博明
母ロス
悲しみからどう立ち直るか

母の死は誰もが経験することだが、いざ直面すると、異常なほどの不安や怒りが込み上げてきたり、罪悪感に襲われるケースも多い。大切な人の死のダメージを軽減する手法を指南した一冊。

幻冬舎新書

泉谷閑示
仕事なんか生きがいにするな
生きる意味を再び考える

「働くことこそ人生」と言われるが、長時間労働ばかり蔓延し幸せになれる人は少ない。新たな生きがいの見つけ方について、古今東西の名著を繙きながら気鋭の精神科医が示した希望の書。

田中修
ありがたい植物
日本人の健康を支える野菜・果物・マメの不思議な力

日本人の健康を支える、ありがたい植物たち。和食に使われる植物と、「日本人における野菜の摂取量ランキング」第一位のダイコンから第二〇位のチンゲンサイまでを中心に、その不思議な力を紹介。

冷泉彰彦
トランプ大統領の衝撃

ドナルド・トランプが第45代アメリカ大統領に就任する。屈指のアメリカ・ウォッチャーが、世界中に大きな衝撃を与えた選挙戦を冷静に分析。新政権のリスクとチャンスを見極め日本の取るべき道を示す。

井出留美
賞味期限のウソ
食品ロスはなぜ生まれるのか

卵は冬場なら57日間（産卵日から）生食可！——まだ食べられる食品を大量に廃棄する「食品ロス」大国・日本。小売店、メーカー、消費者、悪いのは誰なのか。食品をめぐる「もったいない」構造にメスを入れる。

里見清一
医者とはどういう職業か

医学部受験から病院への就職、労働環境、収入、出世、結婚、不倫その他スキャンダル、医療事故とそのリスク、そして名医の条件と将来の医師像まで医者のすべてを説き明かした画期的医師論。

瀧靖之
脳はあきらめない！
生涯健康脳で生きる　48の習慣

2025年、65歳以上の5人に1人が、認知症になる時代がやってくる。今ならまだ間に合う！　16万人の脳画像を見てきた脳医学者が教える、認知症にならない脳のつくり方。

齋藤孝
イライラしない本
ネガティブ感情の整理法

イラつく理由を書き出す、他人に愚痴る、雑事に没頭する、心を鎮める言葉を持っておくなど、ネガティブ感情の元凶を解き明かしながらそのコントロール方法を提示。感情整理のノウハウ満載の一冊。

西多昌規
悪夢障害

「悪夢障害」とは「悪夢を繰り返し見ることで睡眠が妨げられ、日常生活に支障が出る」病であるが、この生涯有病率は7割以上ともいわれている。悪夢にまつわるすべてを網羅した一冊。

幻冬舎新書

岩波明
他人を非難してばかりいる人たち
バッシング・いじめ・ネット私刑《リンチ》

昨今、バッシングが過熱しすぎだ。失言やトラブルで非難を受けた人物には、無関係な人までもが匿名で攻撃。日本人の精神構造が引き起こす異常な現象に、精神科医が警鐘を鳴らす！

鍋田恭孝
子どものまま中年化する若者たち
根拠なき万能感とあきらめの心理

幼児のような万能感を引きずり親離れしない。周囲に認められたいが努力するのは面倒――今そんな子どもの心のまま人生をあきらめた中年のように生きる若者が増えている！　ベテラン精神科医による衝撃報告。

片田珠美
男尊女卑という病

人前で妻をバカにする夫、「男の責任者を出せ」と騒ぐ男性客、女性上司に反発を覚える男性社員……男女平等社会は当然と思われるようになった今もなぜ？　そこに潜む意外な心理的病理とは？

中山祐次郎
幸せな死のために一刻も早くあなたにお伝えしたいこと
若き外科医が見つめた「いのち」の現場三百六十五日

死に直面して混乱し、後悔を残したまま最期を迎える人々。そんな患者さんを数多く看取ってきた若き外科医が、「少しでも満ち足りた気持ちで旅立ってほしい」という想いから、今をどう生きるかを問う。

幻冬舎新書

久坂部羊
人間の死に方
医者だった父の、多くを望まない最期

亡父は元医師だが医療否定主義者で医者の不養生の限度を超えて不摂生だった。父が寝たきりになって医療や介護への私自身の常識が次々と覆る。父から教わった医療の無力と死への考え方とは。

大森隆史
発達障害を治す

原因不明で治療法はないとされてきた発達障害の症状が、デトックスとビタミン療法で改善していく――。臨床現場で成果を上げる医師が解説する、発症のしくみと革命的治療法。

髙島明彦
淋しい人はボケる
認知症になる心理と習慣

ボケと遺伝はほとんど関係なく、脳に悪い心理・環境をどれだけ避けられるかが、ボケる脳とボケない脳の境目になる。脳に悪い習慣をやめれば、いくつになっても若々しい脳を保てる！

左巻健男
病気になるサプリ
危険な健康食品

健康食品・サプリの危険性を製造、広告、科学的根拠の面から徹底追及。「ベータカロチンのサプリは体に悪い」「グルコサミンは血管の少ないひざ軟骨に届かない」「サプリは添加物だらけ」など驚きの真実が満載。